한국사를 뒤흔든
열 명의 상인

한국사를 뒤흔든
열 명의 상인

김현주 글 | 서선미 그림

한림출판사

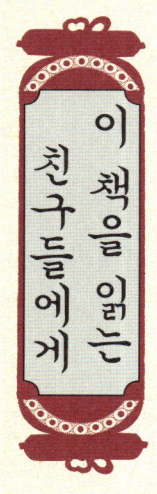

여러분, 오늘 아침 맛있게 먹었나요? 아니면 가게에서 과자를 사 먹었나요? 가끔 책이나 문제집, 게임 CD 등을 사기도 하고, 필요없게 되면 남에게 되팔기도 하지요?

여러분이 매일같이 먹고 소비하는 생활, 나아가 물건을 사고 되파는 활동을 가리켜 경제 활동이라고 합니다. 그리고 그 경제 활동의 최전선에서 여러 가지 물건들을 파는 사람들을 상인이라 부르지요.

사실 상인의 역사는 인류의 역사만큼이나 오래되었답니다. 까마득히 먼 선사 시대부터 있었던 물물교환은 화폐가 발전하고 인간의 생산력이 늘어나면서 상업으로 발전하여 점점 더 큰 부를 낳았지요. 그 부를 지키고 확대하려는 과정에서 바로 국가와 신분제가 생겨났지요. 세계 모든 나라들은 이렇게 발전했고 우리나라 역시 그랬습니다. 그 모든 변화의 최전선에는 늘 상인들이 있었습니다.

그런데 우리나라는 예로부터 '사농공상(士農工商)'이라는 논리로 상인들을 '장사치'라 부르며 깔봤답니다. 조선의 지배층이었던 사대부들은 상인을 가리켜 "누에를 치지 않고도 비단옷을 입고, 지극히 천하면서도 맛있는 음식을 먹으며, 재물은 나라가 가진 것보다 많은 존재"로, 즉 나라에 도움이 안 되는 얄미운 존재로 여겼습니다.

　　하지만 정말 그랬을까요?

　　오늘날 세계 강국으로 발전한 나라들은 모두 상업과 무역을 적극 이용해 부강해졌답니다. 서구 열강들이 지리상의 발견을 이뤄 낸 배경에는 무역로 확보라는 목적이 있었고, 영국이 거대한 대영제국을 이룬 기반에는 산업혁명과 무역이라는 혁신이 있었지요.

　　반면 우리나라는 근대 국가로 발전해야 하는 중요한 시기에 식민지로 전락했던 아픈 역사를 가지고 있습니다. 이것은 결코 우리나라가 미개했기 때문이 아니라, 당시 우리가 상업과 경제 발달에 힘쓰지 않아 근대화와 제국주의라는 시대적 변화에 잘 대처하지 못했기 때문입니다. 우리에게도 동아시아 바다를 장악해 '해신(海神)'이라 불린 장보고나, 활발한 국제 무역을 펼쳐 우리의 이름을 '코리아

(KOREA)'로 세계에 널리 알린 고려 상인들이 있었습니다. 상업과 수공업이 발달했던 조선 후기에는 미약하나마 자본주의가 싹튼 때도 있었지요.

이 책에서는 우리 역사 속의 대표적인 상인 열 명을 뽑아 그들의 삶을 살펴보았습니다. 단지 전업 상인들뿐만 아니라, 상업을 적극 이용해 역사 발전에 기여한 인물들을 폭넓게 뽑았기에 왕이나 장군, 통역관들도 포함되었답니다.

신분과 직업은 다르지만 그들은 모두 상업으로 큰 부자가 되었고, 훗날 이웃을 널리 돕거나 나라를 구하기도 했습니다. 그들은 단지 돈만 많은 부자가 아니라 우리보다 앞서 열정과 도전, 용기로 자신의 삶을 개척하고 그 부를 옳게 쓸 줄 알았던 인생의 선배들입니다. 아무리 힘든 상황에서도 노력과 성실, 땀으로 모든 것을 이뤄 낸 그들의 이야기는, 오늘날 세계 10위권의 경제 강국을 이루고 늘 부자가 되고 싶어하는 우리에게 큰 울림을 줍니다.

이 책을 쓰는 데 기초가 된 모든 참고자료의 연구자와 저자 분들께 감사드립니다. 만성적인 사료 부족에 시달리는 경제사 분야에서 일정한 성과를 보여 주신 그분들이 아니었다면 이 책은 나오지 못했을 것입니다. 또한 한림출판사 편집부, 예쁜 그림과 디자인으로 책을 빛내 주신 서선미 님과 bookdesignSM에도 깊이 감사드립니다. 책을 기다려 준 사랑하는 가족에게도 감사드려요.

이 책을 읽는 여러분, 모두 부자 되세요. 물질적으로도, 정신적으로도요.

2008년 6월

김 현 주

차례

◎ 근초고왕 (? ~ 375)

4세기 중반 국가 체제를 재정비하고 외국과의 교역을 적극 활용해 백제의 전성기를 이끈 백제의 13대 왕. 지리적 이점을 잘 활용해 중국과 활발한 교역을 하고 가야 · 신라 · 일본과 삼각무역을 펼쳐 백제의 영향력을 넓혔다. 369년 마한을 병합하고 가야에도 진출했으며, 371년 고구려의 평양성을 차지해 백제의 영토를 최대로 확장시켰다. 칠지도를 하사하는 등 일본에도 많은 선진 문물을 전해 주었다.

◎ 우리나라 철 제련의 역사

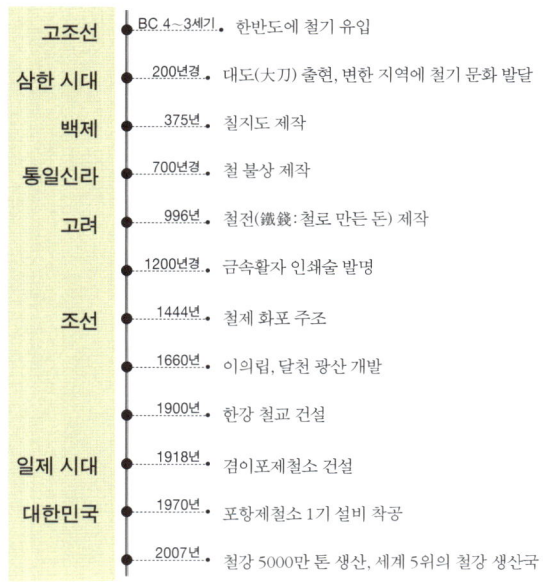

고조선	B.C. 4~3세기	한반도에 철기 유입
삼한 시대	200년경	대도(大刀) 출현, 변한 지역에 철기 문화 발달
백제	375년	칠지도 제작
통일신라	700년경	철 불상 제작
고려	996년	철전(鐵錢: 철로 만든 돈) 제작
	1200년경	금속활자 인쇄술 발명
조선	1444년	철제 화포 주조
	1660년	이의립, 달천 광산 개발
	1900년	한강 철교 건설
일제 시대	1918년	겸이포제철소 건설
대한민국	1970년	포항제철소 1기 설비 착공
	2007년	철강 5000만 톤 생산, 세계 5위의 철강 생산국

경제력이 곧 국력

근초고왕

근초고왕

경제력이 곧 국력

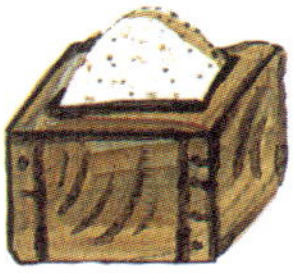

위기의 백제

"큰일났습니다, 마마! 왕께서 돌아가셨습니다!"

"뭐라고! 왕께서?"

소년 여구는 깜짝 놀랐습니다. 소식을 전하러 온 심복이 눈물을 흘리며 말했습니다.

"주무시다가 갑자기 변을 당하셨다 하옵니다. 원인을 몰라 지금 궁궐이 발칵 뒤집혔습니다."

"이럴 수가…… 어째서 이런 일이 또!"

여구는 주먹을 꽉 쥐었습니다. 수십 년 전에도 선대 왕인 분서왕이 이웃 나라 낙랑의 우두머리가 보낸 자객에게 한밤중에 살해되었습니다. 그런데 지금의 왕인 계왕 역시 즉위한 지 2년밖에 안 되었는

데 또 이렇게 살해된 것입니다.

"이제 우리 백제는 어찌 되는 것인가요?"

심복이 울먹이자 여구도 근심에 잠겼습니다.

소년 여구가 살았던 4세기 초반, 백제는 안팎으로 위기에 처해 있었습니다. 고구려의 시조인 주몽의 두 아들, 비류와 온조가 한반도 남쪽으로 내려와 나라를 세운 지 어언 300여 년이 지났지만, 백제는 아직 작고 불안정한 나라였습니다. 북쪽에서는 중국 한나라의 지배를 받던 낙랑과 대방이 고구려에게 멸망한 후 도적 떼로 변해 호시탐탐 쳐들어오고, 남쪽에서는 백제 건국 이전부터 있었던 마한이, 또 동쪽에서는 가야와 신라가 날로 성장하고 있었습니다. 사방으로 밀리는 상황에서 또다시 왕을 잃게 되자, 백제는 큰 혼란에 빠졌습니다.

'더 이상 두고 볼 수 없어. 내가 왕이 되어 백제를 지키겠다!'

346년, 비류왕의 둘째 아들 여구는 백제의 13대 왕이 되었습니다. 이 왕이 바로 훗날 백제의 최고 전성기를 이끈 근초고왕입니다.

소금을 철과 맞바꿔라

근초고왕이 왕위에 오르자마자 문제가 생겼습니다.

"마마, 북쪽에서 낙랑의 도적 떼가 내려와 민가를 약탈한다고 하옵니다."

"뭣이? 당장 병사들을 보내 도적들을 잡아들여라!"

하지만 얼마 후, 도적들을 잡으러 간 백제 군사들이 도리어 도적들에게 크게 패하고 말았습니다. 왕이 깜짝 놀라자, 신하가 울상을 지으며 말했습니다.

"저 낙랑인들은 튼튼하고 우수한 중국식 철제 무기를 많이 갖고 있습니다. 우리 백제도 예로부터 철제 무기를 써왔지만, 늘 철의 재료가 모자라 농기구를 만들기에도 급급한 형편입니다."

"그럼 다른 나라에서라도 사오면 될 것 아니오?"

"황공하오나 지금 나라에는 그럴 만한 돈이 없사온지라……."

신하의 말을 듣고 왕은 바로 국고로 달려갔지만, 정말 국고에는 남은 것이 얼마 없었습니다. 이래 가지고는 철의 재료를 사긴커녕 병사들을 먹일 식량도 모자랄 것 같았습니다. 그렇다고 세금을 더 걷자니 가난한 백성들이 안쓰러웠습니다. 어떻게 해야 하나 곰곰이 생각하던 왕은 이내 무릎을 쳤습니다.

"소금 스무 가마니와 큰 배를 준비하라!"

소금은 사람이 살아가는 데 꼭 필요한 것이지만, 옛날에는 교통이 발달하지 못해 해안가를 제외하고는 소금을 구하기가 어려웠습니다. 하지만 서해안을 끼고 있는 백제는 건국 초부터 소금을 만들어 내륙에 내다팔며 이득을 얻어 왔습니다.

근초고왕은 미추홀(지금의 인천)에서 만들어진 소금을 배에 가득 싣고 병사들과 함께 한강을 거슬러 올라갔습니다. 그렇게 가길 며칠, 어느덧 내륙 깊숙한 곳에 이르자 꽤 큰 마을이 나왔습니다. 그곳은 아직 백제나 고구려, 신라의 힘이 미치지 못하는 외진 지역이었습니다. 근초고왕은 배를 멈추고 그 마을의 촌장을 만나러 갔습니다.

　　"나는 백제의 왕이오. 우리 땅에서 만들어 온 소금을 팔아 이곳의 철을 사고 싶소."

　　그러나 마을 촌장은 근초고왕을 훑어보더니 고개를 저었습니다.

　　"안 되오. 요즘 도적들의 침입이 잦아져서 우리도 무기를 만들어야 하오. 당신들에게 내줄 철이 없소."

　　"우리 병사들이 이곳을 지켜 드리지요."

　　근초고왕의 말에 촌장은 코웃음을 쳤습니다.

　　"당신들이? 당신네 백제 병사들은 형편없는 약골이라던데."

　　근초고왕은 분했지만 아무 대꾸도 할 수 없었습니다. 백제의 힘이 약한 것은 사실이었으니까요.

　　그런데 그날 밤, 낙랑의 도적 떼가 마을에 쳐들어와 닥치는 대로 물건들을 빼앗고 사람들을 해쳤습니다. 마을 사람들은 필사적으로 막으려 했지만, 농사만 짓던 사람들이라 도저히 그들의 상대가 되지 못했습니다.

　　"낙랑 네 이놈들, 잘 만났다!"

　　근초고왕은 병사들과 함께 도적 떼를 단숨에 몰아냈습니다. 마을 촌장이 고마워하며 고개를 숙이자, 근초고왕은 부드럽게 웃었습니다.

　　"철을 주시면 우리도 소금을 드리지요. 앞으로도 계속 우리 백제와 협력하는 것이 어떻겠소? 도적들이 언제 또 쳐들어올지 모를 텐데, 앞으로는 우리 백제가 지켜 드리겠소이다.”

이리하여 이 마을은 백제의 영토에 속하게 되었습니다. 근초고왕은 그곳에 백제의 소금과 해산물뿐만 아니라 용맹한 병사들을 보내 마을을 지켜 주는 대신 많은 철을 얻어 왔습니다.

“자, 철이 준비되었으니 이제 무기를 만들고 군사 훈련을 하자!”

왕이 씩씩하게 외쳤습니다.

그런데 갑자기 여기저기서 꼬르륵거리는 소리가 들려왔습니다.

“배가 고파서 무기를 들 힘도 없습니다.”

병사들이 하나같이 기운 없는 얼굴로 주저앉았습니다. 어느새 군량미가 떨어져 병사들이 굶고 있었던 것입니다.

왕은 생각을 바꿔서 그동안 모은 철로 먼저 농기구를 만들게 했습니다. 튼튼하고 성능 좋지만 값이 비싸서 쓰지 못했던 쇠로 만든 농기구를 사용하자, 농사짓기가 한결 쉬워졌습니다. 덕분에 풍년이 들어 백제 사람들은 모두 배불리 먹고 힘을 내서 농지를 새로 개간했습니다. 농지가 늘어날수록 논에 물을 댈 저수지도 더 많이 필요하게 되었습니다.

백제에서는 근초고왕의 아버지인 비류왕 때부터 ‘벽골제’라는 저수지를 만들어 논에 물을 댔습니다. 그런데 이런 커다란 저수지를 만드는 데에는 아주 많은 인력이 필요했습니다. 그땐 포크레인 같은 기계가 없어 일일이 사람들의 힘으로 파내야 했으니까요.

“각 지역의 힘센 장정들을 모아 저수지를 만들어라!”

왕이 명령하자, 마을마다 힘센 장사들이 힘을 합쳐 저수지를 만들었습니다. 전국에 저수지가 늘자, 물이 풍부해져 곡식 수확량이 크게 늘어났습니다. 백제에 속하면 풍족해진다는 소문이 돌자, 이곳저곳에서 스스로 백제에 속하길 청해 왔습니다. 근초고왕은 각지에 소금과 쌀, 그리고 수비 병력을 보내 큰 다툼 없이도 순조롭게 영토를 넓힐 수 있었습니다.

한편 근초고왕은 저수지 공사 때 활약했던 씩씩한 장정들을 군대로 불러모았습니다. 물론 각 지역에서 모은 철로 튼튼한 무기도 새로 만들었지요. 병사들을 잘 훈련시키고 새 무기로 무장시키자, 백제 군대는 북방의 도적쯤은 단칼에 물리칠 만큼 강성해졌습니다.

무역로를 확보하라

백제 영토는 점점 남으로 확대되어 마침내 마한에 이르렀습니다. 마한은 오늘날의 충청 · 전라 지역에 있었던 총 54개의 작은 나라들로 이루어진 고대 국가 연맹체입니다. 백제도 원래 마한 연맹에 속한 작은 나라였으나, 이제는 마한 전체를 누를 만큼 커졌습니다.

"마한과 백제가 하나의 나라로 합치는 것이 어떻겠습니까?"

근초고왕이 마한연맹의 우두머리를 찾아가 단도직입적으로 제안하자, 마한의 우두머리가 크게 화를 냈습니다.

"건방진 놈! 우리더러 당신을 왕으로 떠받들고 살란 말이냐!"

"생각해 보십시오. 조만간 신라가 힘을 키워 마한의 기름진 평야를 노릴 것입니다. 마한 사람들은 농사만 짓느라 싸우는 법을 모르지만, 우리 백제는 오랫동안 북방의 대방 · 낙랑과 싸워 오며 힘을 키워왔습니다. 신라에 당하느니 그전에 같은 형제국인 백제와 힘을 합치는 것이 낫지요."

근초고왕은 자신 있게 말했습니다. 마한의 우두머리는 냉정하게 생각해 보았습니다.

"음…… 그 말에도 일리가 있으나, 내가 허락한다 해도 연맹의 54개 소국들이 가만히 있지 않을 것이오. 그들을 모두 설득하기란 쉽지 않소."

마한은 아직 국가 단계까지는 이르지 못한 소국 연맹체였기 때문에 각 지방의 힘이 세서 최고 우두머리라 해도 통치력에 한계가 있었습니다.

"그럼, 일단 마한 서남해안 지역을 자유롭게 오갈 수 있게 해주십시오."

그곳은 지금의 전라남도 목포 부근으로 예로부터 중국과 일본을 잇는 길 한가운데 있는 데다, 바다와 내륙 깊숙이 이어진 영산강 줄기 덕분에 배만 타면 내륙까지 한 번에 갈 수 있었습니다.

'소금만 내다파는 것으로는 한계가 있어. 중국과 교류해서 선진

문물을 들여오고 무역으로 재물을 쌓아야 해. 그러려면 무역항이 필요한데, 이곳이 적격이지.'

이제 백제는 넉넉해진 경제력과 오랫동안 서해안을 누비며 닦아온 조선술·항해술을 이용해 적극적으로 해외 무역에 나섰습니다.

먼저 중국에는 농산물, 견과 면포, 말, 무기류를 수출했습니다. 그중에는 황색 칠을 해 번쩍이는 반사 빛으로 적군의 눈을 멀게 했다는 '명광개'라는 갑옷이 특히 유명했습니다. 그리고 중국 동진에서는 유교와 같은 선진 학문과 비단, 도자기, 청동 초두(작은 청동솥), 장신구 따위를 수입했습니다.

그 수입품들을 마한의 소국 지도자들에게 보이자, 모두 군침을 흘렸습니다.

"참으로 아름답고 진귀한 물건들이군요."

"우리 백제국에 속하게 되면 더 진귀한 물건들을 나눠 드리지요. 또한 앞으로 고구려나 신라의 침입으로부터 지켜 드리겠습니다. 우리 같이 하나 되어 백제를 잘 이끌어 갑시다."

근초고왕의 설득으로 마한의 연맹국들이 하나 둘 백제에게 넘어왔습니다. 그리하여 369년 무렵에는 마한 전 지역을 지배하기에 이르렀습니다. 마한에는 기름진 평야가 많았기에 백제는 이제 무역항뿐만 아니라 넓은 곡창 지대도 손안에 넣게 된 것입니다.

근초고왕은 이에 만족하지 않고 동쪽의 가야로도 진출했습니다. 가야는 예로부터 철의 최대 생산지로, 중국과 일본 사이에서 삼각무역을 벌이며 번성한 고대 왕국입니다. 특히 가까운 일본에 철기를 전해 주면서 일본에 터를 잡은 가야인들이 많았습니다. 그런 가야와 힘을 합치자, 마한에서 얻었던 서남해안 항로가 가야의 동쪽 항로

그리고 신라와도 이어져 삼각무역을 할 수 있게 되
었습니다.

"하하! 이제 백제의 영토도 이만큼 넓어졌으니 새롭게 관리해야
겠구나."

근초고왕은 그동안 저수지를 만들면서
파악한 각 지역의 호구(인구) 수를 기초로
전국에 '담로'라는 지방 조직을
만들었습니다.

조정에서는 담로에 직접 관리를 보내 세금을 걷고 치안을 감독하게 했습니다. 병사들도 각 지역의 담로에서 뽑았고, 도로망과 우역(공무로 여행하는 관원에게 말을 제공하던 곳) 또한 담로를 중심으로 발달했습니다. 담로 덕분에 백제는 나라를 더욱 효율적으로 다스릴 수 있었습니다.

백제의 영토를 최대로 넓히다

"마마, 조만간 고구려가 남하한다 하옵니다. 국방을 철저히 하셔야 하옵니다."

신하들이 앞다퉈 말하지 않아도 근초고왕은 이미 그 일을 걱정하고 있었습니다. 그동안 북쪽의 상황은 많이 변했습니다. 도적 짓을 하며 백제의 골치를 썩였던 옛 대방·낙랑의 유민들은 이제 백제나 고구려로 흡수되었지만, 한편으로 고구려가 새롭게 건국된 연나라에게 밀려 남으로 내려오고 있었습니다. 남하하는 고구려와 북진하는 백제가 언젠가 충돌하리라는 것은 불을 보듯 뻔했습니다.

'여기서 지면 우리 백제는 예전 같은 약소국이 되거나 아예 멸망할 것이다. 그러나 이기면 영토도 넓히고 대륙과 통하는 육로도 확보할 수 있다. 이건 위기이자 기회이다.'

사실 바닷길이 있다 해도 육로만큼 안전하진 않았습니다. 항해 기술이 발달하지 못한 옛날에는 더 그랬지요. 귀한 물건들을 싣고 와도 폭풍우나 해적을 만나면 물건은 물론 목숨까지 잃는 일이 많았습니다. 그 때문에 안전한 교역로를 확보하는 것이 무엇보다 중요했습니다.

근초고왕은 무기 생산량을 늘리고, 전국의 담로에서 힘세고 용맹한 사람들을 많이 뽑아 병사로 맹훈련시켰습니다. 근초고왕의 아들인 태자 수(훗날 근구수왕)가 늠름하게 성장해 아버지의 정복 활동을 돕고 있었고, 군대에도 훌륭한 장군들이 많았습니다. 든든한 지도자가 이끄는 백제 군대는 날로 강해졌습니다.

369년 9월, 마침내 고구려의 고국원왕이 2만여 명의 병력으로 치양(지금의 황해도 배천)을 공격해 왔습니다.

"이제 백제의 진짜 힘을 보여 줄 때가 왔다!"

근초고왕은 군대를 이끌고 달려가 싸웠습니다. 엎치락뒤치락 치열한 전투가 벌어지던 어느 날, 고구려 진영에서 사기라는 자가 몰래 근초고왕의 막사로 찾아왔습니다. 원래 백제 사람이었던 그는 백제와 고구려 사이에 전쟁이 터지자 고국을 염려해 달려온 것입니다.

"고구려의 군사는 비록 수는 많으나 거의 가짜 군사들입니다. 제일 강한 진짜 군대는 붉은 깃발을 든 부대입니다. 그 부대만 공격하면 나머지는 저절로 허물어질 것입니다."

그 말대로 왕과 태자가 붉은 깃발 부대를 집중 공격하자, 고구려 군은 빠르게 허물어졌습니다. 그 전투에서 백제군은 큰 승리를 거두었습니다. 근초고왕은 사기의 공로를 크게 치하하고는, 군대 사열식에서 당당히 세계의 중심을 상징하는 황색 깃발을 올렸습니다. 용기백배한 백제군은 그 여세를 몰아 북쪽의 고구려 평양성까지 쳐들어갔습니다.

371년 평양성을 차지하자, 왕·장수 할 것 없이 3만 백제 병사 모두가 기쁨의 환호성을 질렀습니다.

"우리 백제가 이겼다!"

"와! 백제 만세! 우리 왕 만만세!!"

이로써 평양 부근의 북부 연안 항로, 대동강과 재령강 일대의 연안 항로 주도권이 모두 백제의 손안에 들어왔습니다. 서해와 남해의 모든 주요 해상 교역로를 차지하고, 육지로는 지금의 경기·충청·전라도는 물론 강원도와 황해도 일부까지 차지해 남북에 걸쳐 백제 사상 최대의 영토를 이룩한 것입니다. 근초고왕은 벅찬 감격에 휩싸였습니다.

자신감을 바탕으로 백제는 이듬해인 372년 중국의 동진과 정식으로 외교 관계를 맺었습니다. 두 나라 사이에 무역이 크게 늘어나면서 중국의 선진 문물과 기술, 문화가 본격적으로 밀려들어왔습니다. 근초고왕은 박사 고흥에게 『서기』라는 역사책을 쓰게 하여 백제 왕실의 권위와 정통성을 나라 안팎에 널리 알렸습니다. 바야흐로 백제의 전성기였습니다.

하지만 근초고왕은 여전히 목이 말랐습니다.

'고구려는 여전히 우리보다 몇 배나 큰 북방 강국이다. 북쪽 육로를 확보하는 것은 당분간 포기할 수밖에 없지만 언제까지나 불안정한 배편에만 의지할 순 없다. 외국과의 무역을 확대하려면 뭔가 좀 더 안전하고도 획기적인 방안이 필요한데……'

당시 중국은 5호16국 시대라 하여 많은 나라들이 끊임없이 전쟁을 벌이고 있었습니다. 그 많은 나라들이 흥하고 망하다 보니, 요서나 산동 반도 지역 곳곳에 주인 없는 빈 땅이 생겨났습니다. 마침 그곳들은 백제와도 가까운 곳! 근초고왕은 얼른 그곳으로 백제의 상인과 군인들을 보냈습니다.

'그래, 이 기회에 중국에 우리의 무역 기지를 만들자!'

근초고왕은 중국의 요서 지역과 진평(저장성 사오싱)에 백제 군대를 주둔시키고 국제 무역의 근거지로 삼았습니다. 중국의 『송서』·『남제서』 같은 역사책에는 "백제가 요서로 진출해 군을 설치하고 오랫동안 다스렸다"고 기록되어 있습니다. 지금도 이 지역에는 백제와 관련된 지명과 백제 시대의 유물들이 곳곳에 남아 있어 당시의 흔적을 보여 주고 있습니다.

일본의 기초를 닦아 주다

"기뻐하소서! 백제국이 드디어 우리와 외교를 맺어 준다 하옵니다."

"감사한 일이로다. 돌아가신 선왕께서 아셨다면 얼마나 기뻐하셨을꼬."

멀리 백제에 다녀온 왜의 사신이 기쁜 얼굴로 달려와 고하자, 왜의 신공왕후는 감격해 눈물을 흘렸습니다.

일본은 그때까지 국가를 이루지 못하다가 한반도의 가야와 마한이 철기를, 삼국이 선진 문물을 전해 주자 비로소 국가의 형태를 갖춰 가고 있었습니다. 일본은 외국과 활발한 무역을 벌이던 백제와의 친교를 원했는데, 366년 마침내 근초고왕 때 정식으로 외교 관계를 맺게 된 것입니다.

근초고왕은 왜 왕실에 좋은 말 두 필을 친교 선물로 보내면서 아직기라는 사람을 함께 보냈습니다. 아직기가 경서(사서 오경 따위 유교의 가르침을 적은 책)에도 능통한 것이 알려지자, 왜 왕실은 그를 태자의 스승으로 삼았습니다.

이를 계기로 승려·왕족·학자·대장장이 등 많은 백제인들이 일본으로 건너가, 일본 최초의 통일 세력인 야마토 정권의 기초를 닦아 주었습니다. 이 과정에서 백제는 한학·불교·신무기·옷감·도자기 등 다양한 선진 문물을 전해 주었고, 왜로부터는 보리나 남방 식물 같은 소소한 물건들을 들여왔습니다.

한편 근초고왕은 왜의 병력과 자원을 동원해 백제의 경쟁국인 고구려와 신라를 견제하려고 했습니다. 북쪽의 최강대국 고구려가 압박해 오자, 병력 수며 땅 넓이 등에서 절대적으로 불리한 조건을 만회하기 위해 마한과 가야는 물론, 바다 건너 왜까지 자기편으로 만든 것입니다. 이때부터 수백 년 동안 왜군은 백제가 위기에 처할 때마다 달려와 열심히 싸웠습니다. 근초고왕은 왜왕에게 가지가 일곱 개 달린 칼 '칠지도'를 하사했습니다. 단철을 백 번 담금질하고 칼날에 글씨를 섬세하게 금으로 입힌 이 칼은 현재 일본의 국보로 지정되어 있답니다.

무역으로 나라를 부흥시키다

어떤 위기에도 굴하지 않고 무역길을 적극적으로 개척해 부국강병을 이룩한 근초고왕의 행적은 1700여 년이 지난 오늘날 보아도 감탄스럽습니다. 화폐가 제대로 보급되지 않은 때였음에도, 경제와 무역의 중요성을 일찍이 깨닫고 나라 간의 공무역을 이토록 잘 활용한 지도자도 드물 것입니다.

훗날 근초고왕의 후예들은 일본을 기착지로 삼고, 중국의 무역 기지를 발판 삼아 동남아시아와 인도까지 진출해 광범위한 무역 활동을 했습니다. 그것은 곧 문화와 예술의 발달로 이어져서, 백제는 삼국 중 가장 화려하고 찬란한 문화를 꽃피울 수 있었답니다.

옛날에는 소금이
금만큼이나 비쌌다는데?

사람의 피에는 0.9퍼센트 농도의 소금이 들어 있습니다. 소금은 피를 만드는 데 꼭 필요한 물질이기 때문에 부족할 경우 생명까지 위태로울 수 있습니다. 때문에 인류는 아주 오랜 옛날부터 소금을 구하기 위해 많은 노력을 기울였습니다.

옛날에는 기술이 발달하지 못해서 소금을 많이 만들 수 없었습니다. 특히 바다와 멀리 떨어진 내륙 지방에서는 소금이 아주 귀해서 금만큼이나 비쌌답니다. 소금이 '작은 금[小金]'이라 불린 것은 그 때문이지요.

그래서인지 예로부터 동서양을 막론하고 소금의 생산과 판매는 대개 나라에서 맡았습니다. 고대 페르시아는 왕실에서 소금 생산을 독점했고, 중국 당나라에서는 백성들이 먹는 소금에 세금을 매겼는데, 그 수입이 전체 세금의 절반을 차지할 정도였습니다. 로마 시대에는 관리와 군인의 봉급으로, 또 고대 이집트에서는 피라미드 일꾼들의 급료로 소금이 지급되었습니다.

상인의 배에 소금을 싣는 모습. 출처 『양회염법지』

　이처럼 소금은 화폐의 기능을 하여 때로는 다른 나라와의 무역에서도 쓰였습니다.

　우리나라에서는 언제부터 소금을 생산했는지 확실한 기록은 없지만, 삼국 시대에 시작된 것으로 추측됩니다. 고려 시대에는 '도염원'이라는 소금 관청이 있어 국가에서 직접 소금을 팔았으며, 조선 시대에는 관아에서 염전을 설치해 소금을 만들면 백성들이 쌀이나 옷감과 맞바꾸어 먹었다고 합니다.

　그런데 장마철에는 소금 생산이 줄어든다는 이유로 소금 장수들이 값을 터무니없이 올려서 조정에서 엄하게 단속했다고 하네요.

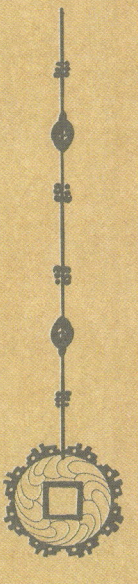

◉ 장보고 (?~ 846)

9세기 초·중반인 통일신라 시대 후기에 당나라·신라·일본을 잇는 바다 무역길을 개척해 국제 무역을 주도한 장군이자 무역인. 일찍이 중국 당나라로 건너가 무령군 소장과 신라소 대사로 활약하다가 노예로 끌려온 신라인들의 비참한 생활을 보고 분노해 828년 신라로 돌아왔다. 완도에 '청해진'이라는 군사 기지를 만들어 해적들을 소탕하며 바다의 질서를 바로잡는 한편, 활발한 국제 무역을 펼쳐 훗날 '바다의 신(海神해신)'이라 불리었다.

◉ 우리 해상무역의 역사

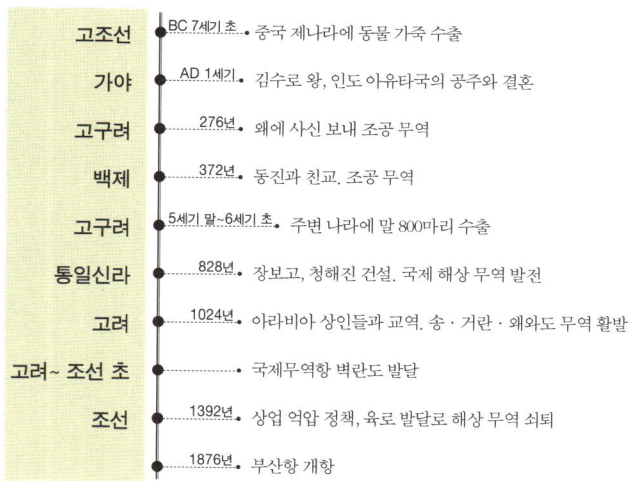

고조선	BC 7세기 초	중국 제나라에 동물 가죽 수출
가야	AD 1세기	김수로 왕, 인도 아유타국의 공주와 결혼
고구려	276년	왜에 사신 보내 조공 무역
백제	372년	동진과 친교. 조공 무역
고구려	5세기 말~6세기 초	주변 나라에 말 800마리 수출
통일신라	828년	장보고, 청해진 건설. 국제 해상 무역 발전
고려	1024년	아라비아 상인들과 교역. 송·거란·왜와도 무역 활발
고려~ 조선 초		국제무역항 벽란도 발달
조선	1392년	상업 억압 정책, 육로 발달로 해상 무역 쇠퇴
	1876년	부산항 개항

장보고

동북아 허브를 꿈꾼 해상왕

장보고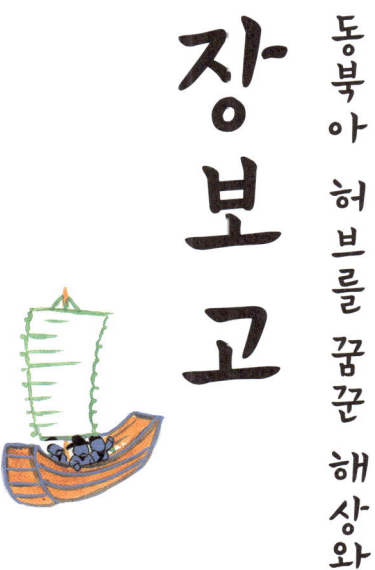

동북아 허브를 꿈꾼 해상왕

소년 궁복의 꿈

'피웅' 바람을 가르며 화살이 빠르게 날아갑니다. 멀리 있던 나무 한 가운데에 화살이 정확히 박히자, 아이들이 "와!" 하고 탄성을 질렀습니다.

"역시 궁복이야! 궁복이 활 솜씨는 신라 제일일걸!"

궁복이는 활시위를 내리며 미소만 지었습니다. 매일 아침저녁으로 열심히 활쏘기 연습을 해온 것은 누구에게도 비밀입니다.

그때 멀리서 큰 웃음소리가 들려왔습니다. 뒤돌아보니 파란 비단 옷을 입은 귀족 아이들이 저만치에서 깔깔대며 웃고 있었습니다.

"어부의 자식 주제에 활쏘기는 익혀서 뭣해? 물고기를 활로 쏴서 잡게?"

"그 신분에 장군이라도 꿈꾸나? 꿈도 크셔."

귀족 아이들의 요란한 웃음소리에 궁복이는 주먹을 불끈 쥐었습니다. 하지만 그뿐, 궁복이와 친구들은 아무 말도 할 수 없었습니다.

당시 신라에는 골품제라는 엄격한 신분제가 있어 모든 것에 엄격한 차별이 있었습니다. 왕이나 관리는 성골과 진골이라는 귀족만이할 수 있고, 그 아래 신분은 아무리 능력이 뛰어나도 관직에 나아갈수 없었습니다. 궁복이의 아버지는 신분이 제일 낮은 어부였으므로, 궁복이가 꿈을 이루기란 불가능했습니다.

'내 꿈은…….'

궁복이는 하늘 끝까지 맞닿은 푸른 바다를 바라보다가, 멀리 수평선을 향해 힘껏 활을 쏘았습니다. '핑' 하고 화살이 날아가자 마음속까지 후련해졌습니다.

그날 밤 궁복이는 아버지에게 결심한 바를 말씀드렸습니다.

"아버지, 저 당나라에 가고 싶어요."

아버지는 깜짝 놀랐습니다.

"당나라에 가면 외국인도 신분에 상관없이 시험을 쳐서 장군이 될 수 있대요. 저도 장군이 되어 세상에 꿈을 펼치고 싶어요. 그래서 아버지를 그렇게 만든 해적들을 언젠가는 혼내 줄 거예요."

아버지의 눈에서 울컥 눈물이 솟았습니다. 아버지의 한쪽 눈은 큰 칼자국 흉터로 뒤덮여 앞이 보이지 않았습니다. 신라 하안가에 들끓던 해적들이 몇 년 전 궁복이의 어머니를 죽이고 아버지의 눈을 그렇게 만든 것입니다.

당시 신라에는 궁복이처럼 답답한 신분제에 한계를 느끼고 중국이나 일본 등 외국으로 건너가는 젊은이들이 많았습니다. 하지만 아직 어린 궁복이로서는 혼자 낯선 외국 땅에 간다는 건 아무래도 겁나는 일이었지요. 그런데 그 고민은 뜻밖에 쉽게 풀렸습니다.

"당나라에 간다고? 그럼 나도 같이 가!"

궁복이의 이야기를 듣고 친구 정연이가 나섰습니다.

"너만 매일 활쏘기 연습을 한 게 아니라고. 나도 칼 쓰는 연습을 얼마나 열심히 했는데. 당나라에 가서 우리 훌륭한 장군이 되자!"

정연이가 멋쩍게 웃으며 말했습니다. 궁복이는 감격해서 친구의 손을 맞잡았습니다.

드디어 당나라로 떠나는 날이 왔습니다. 무사히 배를 타고 나서 짐을 정리하던 궁복이는 짐을 쌀 때는 보지 못했던 꾸러미를 하나 발견했습니다. 꾸러미에는 새 활이 곱게 싸여 있었습니다. 궁복이는 울음을 터뜨렸습니다. 뻣뻣한 활대에서는 집 뒤에 있던 대나무 숲의 향기가 났습니다. 아버지가 불편한 눈과 굳은살 박힌 손으로 활을 만들던 모습이 떠올랐습니다. 어릴 적 궁복이에게 활을 처음 만들어 쥐어 주었던 분도 아버지였습니다. 궁복이는 활을 품에 꼭 끌어안았습니다.

'아버지, 반드시 훌륭한 장군이 되어 돌아갈게요!'

당나라에서 장군의 꿈을 이루다

중국에 도착한 궁복이는 깜짝 놀랐습니다. 거대한 항구는 쉴 새 없이 오가는 수많은 배들과 산더미처럼 쌓인 짐, 그리고 바삐 오가는 사람들로 북새통을 이뤘습니다. 중국인뿐 아니라 피부색도 생김새도 각기 다른 외국인들도 바삐 오갔습니다.

그곳은 바로 중국의 산둥 반도였습니다. 산둥 반도는 바깥으로 툭 튀어나와 있는 지형 덕분에 일찍이 고구려·백제·신라는 물론, 일본·발해·남방국 등 여러 나라 배들이 드나드는 무역항으로 발달했습니다. 뛰어난 선박 기술을 갖고 있던 신라인들은 일찍부터 산둥 반도로 건너가 크게 활약하고 있었고, 당나라에 유학 간 신라인 승려나 학자들이 점차 늘어나자 '신라방'이라는 집단촌을 이루어 신라인끼리 서로 도우며 살고 있었습니다. 궁복이와 정연이도 사람들의 도움으로 항구에서 일하며 무술을 닦은 끝에 몇 년 후 당나라 군대인 '무령군'에 들어가게 되었습니다.

무령군은 옛 고구려의 후손인 이사도라는
절도사(지역 관리)가 산둥 반도 부근에서
반란을 일으키자, 이를 진압하기 위해
만들어진 군대였습니다. 외국인 용
병으로 무령군에 들어간 궁복이는
그 이름이 아깝지 않은 활 솜씨를,
정연이는 열심히 닦은 칼 솜씨를
발휘하며 전쟁터에서 큰 공을
세웠습니다.

이때부터 궁복은 장보고로 불렸습니다. 당나라에서는 활을 잘 쏘는 사람을 '보고'라고 불렀거든요. 어찌나 용맹했는지, 당나라의 유명한 시인 두목이 장보고를 찬양하는 시를 지을 정도였습니다.

장보고와 정연은 장군이 되어 당나라 조정으로부터 큰 상도 받았고 결혼해서 예쁜 아이도 낳아 남부러울 게 없어 보였습니다. 하지만 장보고의 마음은 결코 편치 않았습니다. 날이 갈수록 늘어 가는 신라인 노예들 때문이었습니다.

신라소 대사가 되다

장보고가 당나라에서 꿈을 이루는 동안, 신라는 나날이 쇠약해지고 있었습니다. 흉년과 자연재해가 거듭되어 백성들은 굶주리는데도 조정은 권력 다툼만 일삼았습니다. 자연히 국경 방비가 허술해졌고, 해적들은 그 틈을 타 신라 연안을 노략질하고 신라 사람들을 납치해서 당나라에 노예로 팔았습니다.

장보고는 동포들이 끌려와 고생하는 것을 볼 때마다 마음이 아팠습니다. 몇 번이나 당나라 조정에 신라인 노예 매매 금지를 요청했지만, 외국인 용병 출신인 그의 힘으로는 한계가 있었습니다.

'나의 진짜 꿈은 무엇이었을까. 장군이 되는 것? 아니야. 나는 그저 사람답게 떳떳하게 살고 싶었어. 장군이 되는 건 그 수단 중 하나였을 뿐이야.'

평화롭고 풍요로운 거리를 보고 있자니, 신라도 이렇게 되면 얼마나 좋을까 하는 생각에 다시금 안타까워졌습니다.

'우리 신라인들도 저들처럼 사람답게 살려면…… 그래, 부강해져야 해! 이 불행은 전부 우리가 가난해서 생긴 일이야. 부강해지면 해적들에게 속수무책으로 당하지도 않을 거야.'

장보고는 몇 년간 무역항에서 일하면서 외국과 잘 교역하면 많은 부를 쌓을 수 있다는 것을 알았습니다. 신라가 부강해지기 위해서는 그 무역을 이용해야 한다고 생각했습니다. 게다가 그즈음 외국인 용병으로서의 한계도 깨닫고 있었습니다. 평화를 찾은 당나라에서는 외국인 병사 대신, 갈수록 많아지는 무역 상인들을 관리할 사람이 필요했습니다. 그는 늘어 가는 신라방을 관리하기 위한 자치 기구 '신라소'의 첫 번째 대사가 되기로 마음먹었습니다.

그 결심을 친구 정연에게 말하자, 정연은 고개를 저었습니다.

"미안하지만, 난 더 위대한 장군이 되어 중국 대륙을 호령해 보고 싶어."

장보고는 섭섭했지만 친구의 꿈 또한 자신의 꿈처럼 인정해야 했습니다. 그리하여 정연과 장보고는 당나라에 온 후 처음으로 다른 길을 걷게 되었습니다. 훗날을 기약하면서요.

장보고는 그의 뜻대로 신라소 대사가 되었습니다. 당시 바닷길을 오가는 상인들에게 가장 큰 위협은 불규칙한 기후와 선박 난파, 그리고 해적이었습니다. 아무리 고생해서 멀리 다른 나라에 다녀와도 해적을 만나면 물건을 모조리 빼앗기고 목숨까지 잃는 경우가 많았습니다. 장보고는 군인으로서의 경험을 살려 산둥 반도와 인근 해안가 지역을 철저히 감시하며 해적을 막아 누구나 안심하고 장사를 할 수 있도록 했습니다. 그러자 훨씬 안전해진 산둥 반도의 항구로 세계 각지의 상인들이 몰려들었습니다.

"장 대사 덕분에 든든해요!"

　　상인들뿐만 아니라 당나라 관리들도 장보고를 칭찬했습니다. 안심하고 일할 수 있으니 상인들의 이익과 함께 당나라 조정의 세금도 늘어났으니까요.

　　장보고는 노예로 잡혀 오거나 사정이 어려운 신라인들을 열심히 도왔습니다. '적산 법화원'이라는 큰 절을 지어서 신라인들이 부처님께 안전한 바닷길을 기원할 수 있도록 하는 한편, 오갈 데 없는 신라인들을 머물게 했습니다. 중국 산둥성 문등현에 있던 이 절에서는 수시로 큰 법회가 열리고, 신라인은 물론 세계 각국의 손님들이 수백 명씩 오갔습니다. 9세기 초 엔닌이라는 일본인 승려도 유학길에 배가 난파되어 죽을 고비를 넘기고 적산 법화원의 도움을 받아 무사히 공부를 마칠 수 있었습니다. 훗날 일본의 큰 승려가 된 엔닌은 장보고의 은혜를 갚는다는 뜻에서 '적산 법화원'을 본떠 일본에 '적산 선원'이라는 절을 세우고 대대로 장보고를 기렸습니다.

고향으로 돌아가다

　　장보고는 관리로 일하는 틈틈이 부업 삼아 개인적인 사무역도 했습니다. 중국의 차와 비단, 도자기 등을 외국 상인들에게 팔고 그들이 가지고 온 아라비아 유리나 페르시안 직물, 상아 같은 진기한 물건들을 수입해 당나라 사람들에게 되판 것이지요. 세계 각국의 상인들과 교류하면서 장보고는 바다 건너에 더 넓은 세상이 있다는 것을 실감했습니다.

그러던 어느 날, 해적에게 붙잡혀 노예로 끌려왔던 신라인들이 탈
출해 적산 법화원으로 도망쳐 왔습니다. 그들 중에는 온몸에 큰 상처
를 입어 아주 위독한 백발의 노인이 있었습니다.

"이보시오, 정신 차리시오."

장보고가 부르자, 노인의 눈꺼풀이 파르르 떨렸습니다.

노인의 얼굴에서 긴 칼자국을 발견하고, 장보고는 깜짝
놀랐습니다.

"……우리 애를…… 못 보았소?"

노인이 더듬거리며
물었습니다.

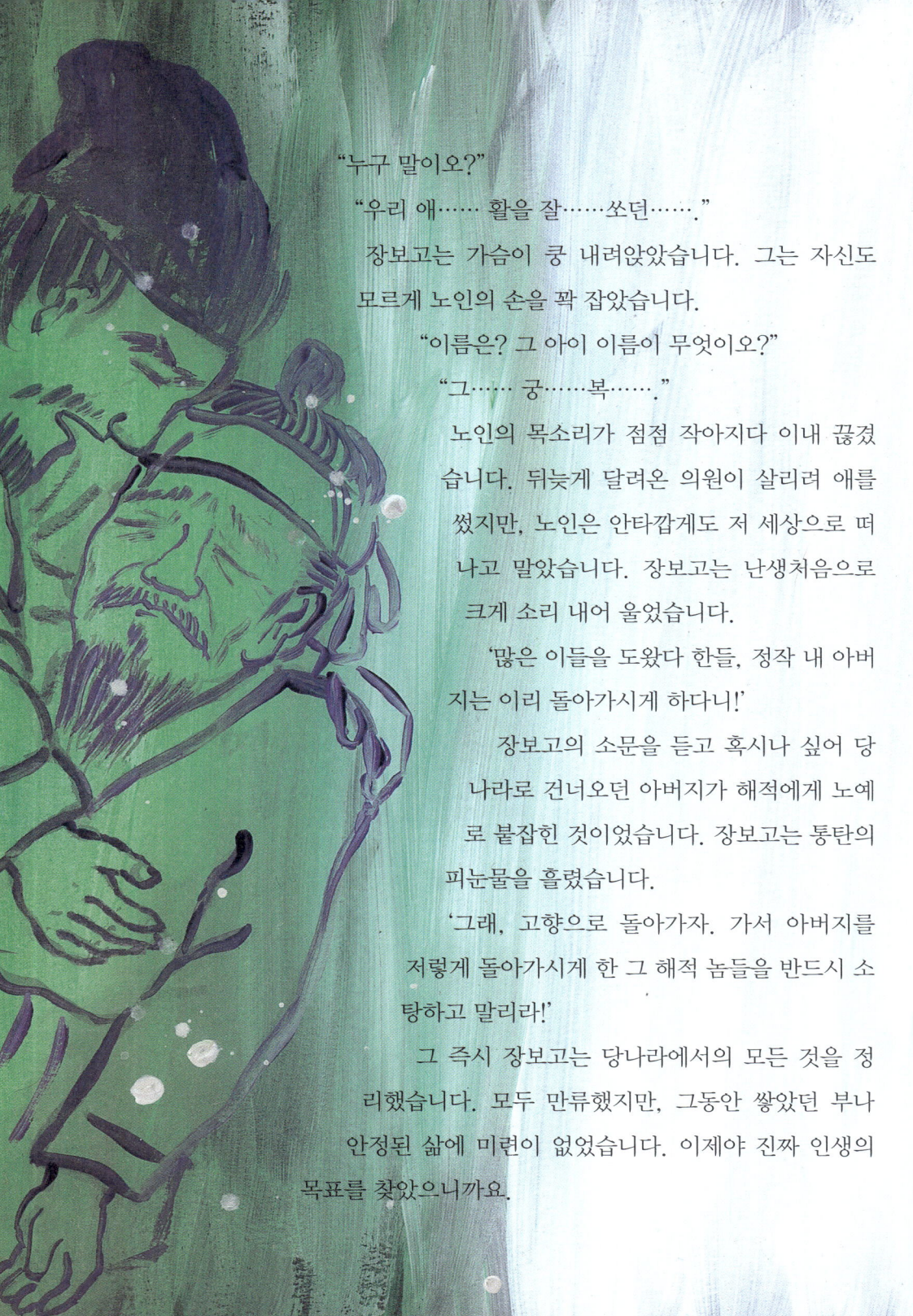

"누구 말이오?"

"우리 애…… 활을 잘……쏘던……."

장보고는 가슴이 쿵 내려앉았습니다. 그는 자신도 모르게 노인의 손을 꽉 잡았습니다.

"이름은? 그 아이 이름이 무엇이오?"

"그…… 궁……복……."

노인의 목소리가 점점 작아지다 이내 끊겼습니다. 뒤늦게 달려온 의원이 살리려 애를 썼지만, 노인은 안타깝게도 저 세상으로 떠나고 말았습니다. 장보고는 난생처음으로 크게 소리 내어 울었습니다.

'많은 이들을 도왔다 한들, 정작 내 아버지는 이리 돌아가시게 하다니!'

장보고의 소문을 듣고 혹시나 싶어 당나라로 건너오던 아버지가 해적에게 노예로 붙잡힌 것이었습니다. 장보고는 통탄의 피눈물을 흘렸습니다.

'그래, 고향으로 돌아가자. 가서 아버지를 저렇게 돌아가시게 한 그 해적 놈들을 반드시 소탕하고 말리라!'

그 즉시 장보고는 당나라에서의 모든 것을 정리했습니다. 모두 만류했지만, 그동안 쌓았던 부나 안정된 삶에 미련이 없었습니다. 이제야 진짜 인생의 목표를 찾았으니까요.

828년 4월, 신라로 돌아온 장보고는 흥덕왕을 알현했습니다.

"전하, 지금 신라의 해안가에서는 해적들이 닥치는 대로 노략질하며 백성들을 죽이거나 납치해 노예로 팔고 있습니다. 하루빨리 군사를 일으켜 저들을 막아야 합니다. 제 고향 청해는 지형상 해군 기지를 세우기에 아주 좋은 곳입니다. 제가 그곳에 진을 치고 해적들을 소탕하도록 1만 군사를 허락해 주시옵소서."

그 말에 신라의 귀족들은 '천한 신분이니 믿을 수 없다', '당나라 첩자일지도 모른다'며 하나같이 반대했지만, 왕은 당나라에서부터 자자했던 장보고의 명성을 높이 사 그 말을 믿어 보기로 했습니다. 장보고는 스스로를 '청해진 대사'라 칭하고 고향으로 돌아가 지형을 살폈습니다.

'과연 내 생각이 틀리지 않았어. 이곳은 천혜의 요새야.'

그의 고향 청해(지금의 완도)는 모두 1596개나 되는 작은 섬들이 불규칙하게 늘어서서 장애물 역할을 하고, 섬 사이를 흐르는 해류도 제각각 달라서 예로부터 천연의 요새로 활용되어 왔습니다. 장보고는 군사 본부를 청해 안쪽에 있는 거북 모양의 섬 안에 닫고 섬 둘레에 무역선과 군선들을 차례로 정박시켜 해적선이 못 오게 막았습니다. 또 기지 안에 관사와 훈련소를 여러 채 지어서, 평상시에는 병사들이 그 안에서 농사나 상업에 힘쓰다가도 해적이 나타나면 당장 바다로 달려 나가 싸우게 했습니다.

하지만 병사들은 평범한 농부·어부들에 불과했기에 그들을 훈련시키는 일은 결코 쉽지 않았습니다.

그러던 어느 날, 초라한 중년 남자가 장보고를 찾아왔습니다. 그는 옛 친구 정연이었습니다.

"자네가 옳았어. 당나라에는 결국 외국인의 자리가 없었네. 이곳에는 내 자리가 있을까?"

"잘 왔네! 자네의 무술 실력이라면 우리 병사들의 훈련도 이제 걱정 없어."

장보고는 옛 친구를 반갑게 맞이하고는 그에게 병사들의 훈련과 지휘를 맡겼습니다. 두 사람이 힘을 합쳐 노력하자, 그물만 쥐고 물

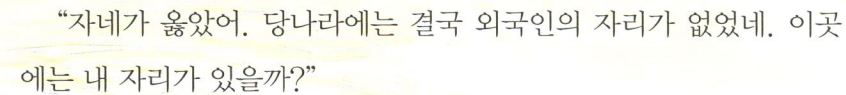

고기만 잡던 어부들이 하나 둘 훌륭한 병사로 다시 태어났습니다. 해
적들은 신라 해안가에 멋모르고 쳐들어왔다가 용맹한 청해진 병사들
에게 혼쭐나기 일쑤였습니다. 그토록 득실대던 해적들은 점점 자취
를 감추어 갔습니다.

해상 왕국 청해진

"신라의 청해진이라는 항구가 그렇게 안전하다며?"
"어디 그뿐인가? 중국과 일본을 잇는 길목에 있어 중개무역을
하기에도 딱 좋다네."
바다를 오가는 외국 상인들 사이에서 청해진에 대한 소문이
퍼져 나갔습니다. 상인들은 청해진을 지키는 장군이 그 유명한 장
보고라는 소식을 듣고는, 무역하러 가는 길에 꼭 청해진에 들러서
보호를 요청하고 물이나 식량을 싣고 떠났습니다. 장보그는 그들
에게 이용료를 받는 한편, 그들과 무역을 해 신라의
특산품을 팔고 다른 나라 물건을 수입해 팔았습니
다. 장보고를 통해 들어오는 새 제품들은 신라
전역에서 폭발적 인기를 끌었습니다.

청해진은 늘 외국 상선들로 북적였습니다. 당나라 상인들은 채색 비단 · 흰 앵무새 · 금은 세공 그릇 · 에메랄드 · 양모 제품 · 페르시아 직물 등을 싣고 와 팔고는 신라에서 말 · 인삼 · 사냥매 · 고급 직물 · 베 따위를 잔뜩 사갔습니다. 왜의 상인들은 무기 · 금 · 은 · 세발 솥 · 명주 · 말안장 같은 신라 특산품은 물론이고, 당나라의 향료와 약품 · 낙타 따위를 사갔습니다.

그 무렵 '월주요'라는 당나라 도자기가 비싸게 팔리자, 장보고는 월주요를 들여와 되파는 것에 만족하지 않고, 신라에 가마터를 만들고 당나라의 도공을 데려와 자체적으로 월주요를 생산하기도 했습니다.

장보고의 무역선은 세계 각지로 뻗어 나갔습니다. 서쪽으로는 당나라의 산둥 반도를 시작으로 항저우 · 광저우까지 사실상 정기 항로를 운항했고, 동쪽으로는 일본 후쿠오카 · 하카다 등지로 진출했습니다. 당나라~신라~일본~발해로 이어지는 바다의 실크로드 중심부에는 청해진이 당당히 자리 잡고 있었습니다.

'우리나라는 당나라와 왜를 잇는 요충지다. 삼면이 바다로 둘러싸여 있어 육로로 이동하기도 어렵고 또 해적의 침입도 받기 쉽지만, 반대로 바다에 배를 띄우면 어디로든 나갈 수 있다.'

오늘날 우리나라는 물론, 중국 · 싱가포르 · 홍콩 등이 아시아의 물류와 금융 허브가 되려고 열심히 경쟁하고 있습니다. 허브(hub)라는 말은 각 지역과 지역을 잇는 요충지 · 중심지라는 뜻인데, 허브가 되면 국제 무역의 중심지가 되어

장기적이고 안정적으로 크게 번영할 수 있습니다. 동북아시아 허브를 장보고는 1200년 전에 미리 내다보고 완성한 것입니다.

청해진 덕분에 그 부근의 신라 백성들도 같이 잘살게 되었습니다. 신라 백성들은 높은 세금만 뜯어 가고 제대로 지켜 주지도 않는 신라 조정보다는, 곁에서 직접 자신들을 지켜 주고 잘살게 해준 청해진 대사 장보고를 더 믿고 따르며 그를 '바다의 신(해신)'이라 칭송했습니다.

영원한 바다의 별

어느 귀족보다 더 큰 힘을 갖게 된 장보고는 836년 김우징을 도와 조정에 나아가려 했습니다. 그러나 뜻을 펼쳐 보기도 전에, 그를 질투하고, 경계하던 귀족들의 음모에 휘말려 안타깝게 암살당하고 말았습니다.

장보고가 죽자 청해진은 급속히 세력을 잃었습니다. 무역항은 폐쇄되고 그곳의 백성들 또한 다른 지역으로 강제 이주되었으며, 청해진이 있던 완도는 그 후 500년 동안이나 무인도로 버려졌습니다. 신라가 장악했던 해상 무역의 주도권은 당나라와 일본으로 넘어가 버렸고, 그 후로도 다시는 되찾지 못했습니다.

비록 아깝게 스러졌지만, 일찍이 1200여 년 전에 동북아시아의 허브를 구상했던 장보고의 삶에서 우리는 배울 점이 참 많습니다. 그는 동북아시아에서 처음으로 우리 민족이 주도하는 해상 질서를 확

립했고, 그 옛날 조공 무역 위주의 관무역에서 벗어나 자유로운 사무
역을 발달시켰습니다. 또한 신분의 제약에 굴하지 않고 늘 진취적으
로 앞날을 개척한 끝에, 마침내 바다의 별로 우뚝 섰습니다.

무슨 배를 타고
해상 무역을 했을까?

우리나라는 삼면이 바다로 둘러싸여 있어 예로부터 배 만드는 기술과 항해술이 발달했습니다.

먼 선사 시대에는 뗏목이나 둥근 통나무의 속을 파낸 배를 이용했지만, 가야 때는 무거운 철을 실을 만큼 튼튼한 배를 만들어 외국에도 오갔습니다. 고구려는 수나라와의 전쟁 때 병선을 이용하여 적의 수군을 격퇴했으며, 백제는 '방(舫)'이라 불리는 크고 튼튼한 배를 만들어 동아시아를 오가며 활발한 무역을 벌였습니다.

그런데 그때까지는 항해술이 발달하지 못한 탓에 가까운 해안선을 따라 이동해야 했으므로 썰물 때 갯벌에 배를 안전히 세울 수 있도록 배의 바닥이 평평했습니다.

하지만 시간이 흘러 해류에 익숙해진 백제인들은 노와 키, 돛을 갖춘 보다 발전한 선박을 만들었습니다.

해상 무역이 더욱 활발해진 통일신라 시대에는 먼 바닷길을 빨리 다니기 위해 배의 바닥을 뾰족하게 만들었습니다. 해상 무역이 가장

1975년 발견된 고려 시대의 배 신안선

발달했던 고려 때는 곡식 1000석을 실어 나르는 대형 조운선(곡식을 싣는 배)을 비롯해 군선·어선·무역선 등 용도에 따라 매우 다양한 배를 개발했습니다.

그러나 조선 시대에 이르면 쇄국 정책으로 인해 배를 타고 다른 나라로 가는 일이 줄어든 데다, 인근 지역만 다니느라 다시 배의 바닥이 평평해집니다.

하지만 왜적의 침략을 막기 위해 이순신 장군이 거북선을 만드는 등 새로운 배를 만들려는 노력은 계속되었지요.

오늘날 우리나라는 세계 1위의 선박 수출국으로 우뚝 섰습니다. 이것은 일찍이 우수한 선박으로 해상 활동을 활발히 했던 우리 조상들 덕분일 것입니다.

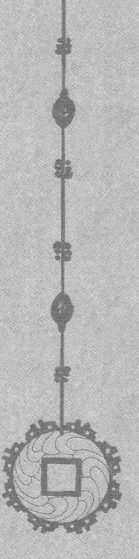

◎ **홍순언** (1530~1598)

조선 초 선조 때 중국을 오가던 통역관. 명나라에 갔을 때 한 여인을 구해 줬다가 후에 크게 보답받고, 임진왜란이 일어났을 때 명나라의 파병을 성사시켜 조선의 역관들 중 가장 존경받는 인물이 되었다. 왕명으로 당릉부원군이란 공신 칭호를 하사받았다.

◎ 우리 도자기의 역사

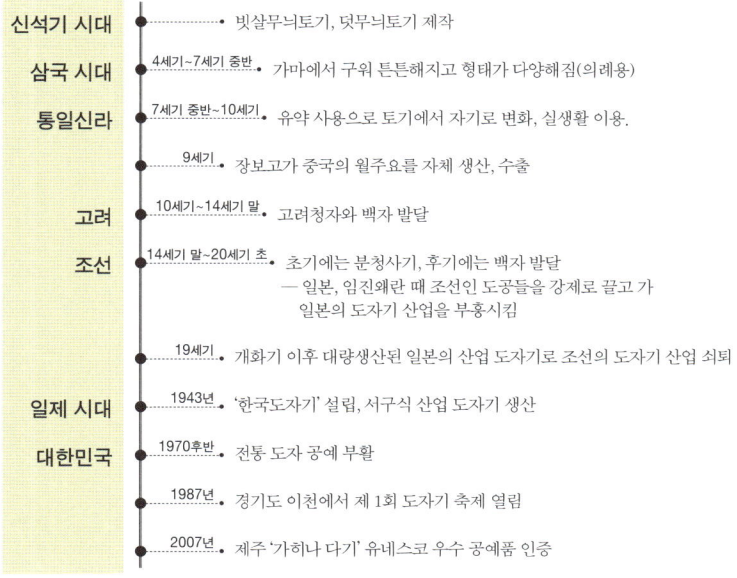

신석기 시대		빗살무늬토기, 덧무늬토기 제작
삼국 시대	4세기~7세기 중반	가마에서 구워 튼튼해지고 형태가 다양해짐(의례용)
통일신라	7세기 중반~10세기	유약 사용으로 토기에서 자기로 변화, 실생활 이용.
	9세기	장보고가 중국의 월주요를 자체 생산, 수출
고려	10세기~14세기 말	고려청자와 백자 발달
조선	14세기 말~20세기 초	초기에는 분청사기, 후기에는 백자 발달 — 일본, 임진왜란 때 조선인 도공들을 강제로 끌고 가 일본의 도자기 산업을 부흥시킴
	19세기	개화기 이후 대량생산된 일본의 산업 도자기로 조선의 도자기 산업 쇠퇴
일제 시대	1943년	'한국도자기' 설립, 서구식 산업 도자기 생산
대한민국	1970후반	전통 도자 공예 부활
	1987년	경기도 이천에서 제 1회 도자기 축제 열림
	2007년	제주 '가히나 다기' 유네스코 우수 공예품 인증

홍순언

은혜 베풀어 부자가 된 역관

홍순언

은혜 베풀어 부자가 된 역관

머나먼 여행길

"짐은 다 챙겼느냐?"

"예."

"먼 길 조심해서 잘 다녀오너라. 사신 나리도 잘 모시고."

아버지의 말씀에 홍순언은 다시 공손히 대답했습니다. 아버지는 자랑스러움과 아쉬움이 교차하는 얼굴로 아들을 보다가, 허리춤에서 주머니를 꺼내 아들의 손에 쥐어 주었습니다.

"팔아서 여비에 보태 쓰거라. 피곤할 때 조금씩 먹어도 좋고."

그것은 굵직굵직 잘 여문 홍삼이었습니다. 인삼을 가공해 약의 효용과 보관 기간을 높인 홍삼은 아주 비싸고 귀한 약재였습니다. 홍순언은 목이 메였습니다.

"그럼, 소자 다녀오겠사옵니다."

그는 부모님께 큰절을 올리고 길을 떠났습니다.

홍순언은 이번에 동지사(겨울철 동지를 축하하러 파견하는 사신) 일행의 중국어 통역관으로 뽑혀 외교 사절단 신분으로 명나라의 수도 북경에 가게 되었습니다.

모이는 장소로 가자 벌써 많은 사람들이 와 있었습니다. 사신단에는 왕의 명령을 받은 사신들 말고도, 홍순언 같은 통역관이나 각종 문서를 작성하는 사자관, 그림으로 모든 상황을 기록하는 화가, 중국에 조공할 말의 운송을 맡은 관리, 여행 길에 그들의 건강을 돌봐 줄 의원까지 40여 명이 포함되어 있습니다. 거기에다 그들에게 각자 딸린 하인들과 마부들까지 합하면 그 수가 무려 200~300명에 이르렀습니다. 그 많은 사

람들과 그들이 가져온 산더미 같은 짐을 실은 수레와
마차들로 거리는 몹시 북적였습니다.

그때 어떤 사람이 다가와 말을 건넸습니다.

"역관 홍순언 나리 되십니까?"

홍순언이 고개를 끄덕이자, 그는 나귀 한 마리를
끌고 왔습니다. 나귀의 등에는 커다란 짐 꾸러미가 한
가득 매여 있었습니다.

"저는 시전에서 포목점을 하는 상인입니다. 제 포목들을
중국에 가져가서 파시고 제가 부탁하는 물건들 좀 사다 주십시오.
남는 건 나리의 여비에 보태 쓰시고요."

"허허, 이러면 안 되네. 국법이
지엄하거늘……."

홍순언이 난색을 표했지만, 그 상인은 몇 번이나 부탁한다면서 나귀와 젊은 노비를 떠맡기고는 도망치듯 사라졌습니다.

조선 시대에는 일반 백성들은 물론이고 상인들도 자유롭게 외국에 오갈 수 없었습니다. 그래서 누가 외국에 간다 하면 너도나도 대리 무역을 부탁했습니다. 다른 나라 물건을 수입해 국내에 되팔면 큰 이익을 남길 수 있었으니까요.

하지만 나라에서는 다른 나라와 공식적으로 주고받는 조공 무역 외에 개인적으로 펼치는 사무역은 엄하게 금지했습니다. 혹시 누군가가 무기 같은 위험한 물건을 수입해 나라 안전에 해를 끼칠까 경계해서였지요.

하지만 나날이 국력이 커지고 경제력이 높아지자, 외국의 신제품을 원하는 사람들이 늘어 갔습니다. 그래서 상인들은 물론 양반가에서도 사신단 일행에게 대리 무역을 부탁했습니다. 물론 수고비 명목으로 역관에게 일정량의 이익금을 나눠 주면서 말이죠.

"핫핫! 자네, 짐 크기 보니 한몫 단단히 챙기겠군. 이거 나보다 더 벌겠는데."

동료 역관이 다가와 놀렸습니다. 홍순언은 황급히 그의 입을 막았습니다.

"입조심 하게. 부사 어르신께 걸리면 야단나네."

"뭘 새삼스럽게. 정사 · 부사 어르신들의 짐은 우리보다 더 크지 않나. 여행길에 쓸 물건이라고는 하지만 사실 전부 중국어 내다팔 물건들이지. 다 그런 거 아니겠나, 핫핫!"

국법에는 어긋났지만, 조정에서는 관리들의 사무역만은 눈감아 주었습니다. 그것은 여행에 드는 경비 일체를 사신 일행이 직접 마련해야 했기 때문이지요. 조정에서는 사신단 일행에게 귀한 인삼을 주어 팔아서 여비로 쓰게 했는데, 긴 여행길에 그것만으로는 모자랄 때가 많았습니다. 때문에 그들은 개인적으로 인삼이나 은 · 포를 따로 챙겨 가서 중국에 팔고, 또 남에게 부탁받은 물건을 중국에서 사와 조선에 되파는 방법으로 이익을 남겼습니다.

조정의 관리가 나와 무사히 다녀오라는 임금님의 말씀을 전했습니다. 임금이 계신 곳을 향해 모두 절을 한 후, 사신단은 멀고도 먼 여행길을 떠났습니다.

수백 명의 일행 속에서 시전 상인이 억지로 보낸 노비가 나귀를 끌며 홍순언의 뒤를 열심히 쫓아왔습니다.

사신단 일행이 중국 북경에 한 번 다녀오는 데에는 6개월이 넘는 긴 시간과 상당한 경비, 또 신체적 피곤과 온갖 위험이 뒤따랐습니다. 교통이 발달하지 못한 시대에 그 많은 인원을 끌고 육로를 이동하기란 쉬운 일이 아니었습니다.

한양에서 출발한 사신단 일행은 개성·평양·의주를 거쳐 점점 북상했습니다. 압록강을 건너 국경을 지나자, 홍순언은 드디어 외국이라는 생각에 가슴이 뛰었습니다.

그러나 여기서부터가 가장 위험한 길입니다. 강을 건너면 사람 한 명 살지 않는 황량한 벌판이 수백 리 펼쳐지는데, 이곳에서는 언제 들짐승이나 마적 떼가 나타나 급습할지 모르기 때문입니다. 더욱이 잠잘 곳도 없어 춥고 메마른 황야에서 노숙을 해야 했습니다. 그 때문에 사신단은 돌아가며 불침번을 서야 했지요. 그렇게 계속 전진하여, 그들은 마침내 한양을 떠난 지 두 달여 만에 북경에 도착했습니다.

북경에서 큰 빛을 지다

북경은 과연 대국의 수도답게 매우 크고 번화한 도시였습니다. 조정에서 나온 사신단이 나와 맞이하자 홍순언은 정신을 바짝 차리고 통역할 준비를 했습니다. 그의 능숙한 통역 덕분에 중국 사신과 조선 사신들 간에는 화기애애한 대화가 오갔습니다.

조선이 명나라에 보내는 조공품은 말·인삼·수달피를 비롯해 온갖 색깔의 모시와 돗자리 · 백면지 등이었습니다. 홍순언이 조공품의 목록을 중국어로 말하자, 이번에는 명나라의 신하가 비단 · 서적 · 자기 · 문방구 · 약재 · 예복 · 악기 · 보석 등 명나라 황제가 보낼 수많은 답례품 내역을 읽어내려갔습니다. 이 답례품 중에는 중국의 것뿐만 아니라 서양에서 들어온 물건들도 있었습니다.

16세기 명나라는 화폐 제도가 정착되고 비단 · 면포 · 도자기 등의 생산이 활발해져서, 유럽 상인들과의 무역이 왕성하게 이루어지고 있었습니다. 덕분에 북경에는 전 세계에서 모인 온갖 진귀한 물건들이 넘쳐났습니다. 이 때문에 조선 조정은 물론이고 양반 · 상인 할 것 없이 모두 중국에서 물건들을 구하려고 애를 썼습니다.

바쁜 공식 일정 끝에 겨우 쉬는 날이 오자, 홍순언은 시장에 갔습니다. 그는 시전 상인이 부탁한 물건들을 중국 상인에게 비싼 값을 받고 팔았습니다. 거기에 아버지가 주신 홍삼까지 팔자 꽤 많은 은화가 손에 들어왔습니다. 가족에게 줄 선물과 상인이 부탁한 물건들도 구할 겸, 홍순언은 여유롭게 북경 시내 구경에 나섰습니다.

어느 거리에 이르렀을 때, 사람들이 잔뜩 모여 있는 광경이 눈에 들어왔습니다. 그 무리 한가운데에는 아름다운 아가씨가 발목에 족쇄를 찬 채 울고 있었습니다. 아가씨 옆에서는 호객꾼이 호들갑스럽게 흥정을 붙이고 있었고요.

"이 미색을 보세요. 나이도 열여섯 살 꽃띠! 이 아가씨의 첫날밤을 사실 분?"

여기저기서 "30금!", "50금!" 하고 외쳤습니다. 그럴수록 처녀의 얼굴은 눈물로 얼룩졌습니다. 그 모습이 너무 애처로워 홍순언은 자신도 모르게 외치고 말았습니다.

"100금!"

홍순언은 군중 속에서 처녀를 구하고 싶었을 뿐이었습니다. 하지만 얼결에 처녀와 같은 방에 들어오자, 그제야 자신이 무슨 일을 저질렀는지 깨달았습니다. 처녀는 다시 흐느끼기 시작했습니다.

"이런 곳에 계실 분이 아닌 듯한데, 어쩌다 이리 되셨소?"

"제 고향은 본래 절강이온데, 부모님이 그만 이곳 객지에서 병으로 잇따라 돌아가셨습니다. 허나 부모님을 고향으로 모셔가 장사 지낼 돈이 없어서 별수 없이……."

처녀는 구슬 같은 눈물을 뚝뚝 흘렸습니다. 사나이 홍순언의 가슴 속에 동정심이 뭉클 솟아올랐습니다.

"얼마면 장례를 치를 수 있겠소?"

"……300금 정도 든다고 들었습니다."

홍순언은 물건들을 팔고 받은 은화를 세어 보았습니다. 마침 딱 300금이 있었습니다. 홍순언은 앞뒤 생각할 것 없이 처녀에게 그 돈을 전부 주고는 뒤돌아 방을 나오려 했습니다. 그러자 처녀가 그의 옷자락을 붙잡으며 물었습니다.

"대인! 정말 이 거금을 그냥 주시는 것이옵니까? 대인의 존함이라도 알려 주십시오."

"그냥 조선에서 온 과객이라오."

"안 됩니다. 존함조차 모르고 이 돈을 받을 수는 없사옵니다!"

처녀가 완강히 붙잡자, 별수 없이 홍순언은 자신의 이름을 말했습니다. 처녀는 눈물을 흘리며 몇 번이나 절을 했습니다.

"정말 고맙습니다. 조선에서 오신 홍순언 나리…… 부디 강녕하시고 복 받으소서."

홍순언은 뿌듯한 마음을 안고 숙소로 돌아왔습니다.

그러나 다음날 아침이 되자, 정신이 번쩍 들었습니다. 처녀에게 준 300금은 그의 전 재산, 그것도 자기 돈만이 아니라 상인의 돈까지 포함된 것이었습니다. 심지어 조선으로 돌아갈 노잣돈마저 없었습니다. 그제야 사태의 심각성을 깨닫고 소지품을 닥치는 대로 팔고 동료들에게 돈을 꾸어 간신히 여비는 마련했지만, 돌아간 후의 일이 더 걱정이었습니다. 모처럼 다녀온 중국 길에서 큰돈을 벌기는커녕 큰 빚을 지게 되었으니까요.

죽을 위기에서 벗어나다

그 후, 조선으로 돌아온 홍순언은 힘든 나날을 보내야 했습니다. 시전 상인은 물론 동료들에게 진 빚은 나날이 불어났습니다. 동료 역관들은 모두 그를 비웃었습니다. 다음 중국 길에서 만회하려 해도 그 후로는 번번이 사신단 명단에서도 탈락했습니다.

'역시 무모했나…… 하지만 그 처녀는 부모님의 장사를 잘 지냈겠지.'

아무리 힘들어도 홍순언은 처녀를 생각하면 마음이 뿌듯했습니다. 하지만 감당할 수 없는 빚 때문에 결국 파산해서 감옥에 갇히는 신세가 되고 말았습니다.

한편 그 무렵 임금님은 몹시 화가 나 있었습니다. 어째서인지 명나라의 역사책에는 조선을 건국한 이성계가 명나라에 반대했던 고려 신하의 아들이라고 잘못 씌어 있었던 것입니다. 이것은 명과의 외교에 약점이 될 것이기에 조선은 건국 초부터 계속 이를 시정해 줄 것을 요구했지만, 명나라는 의심을 거두지 않고 번번이 그 요구를 묵살했습니다.

"이것은 역관의 죄로다. 이번에 가서도 시정 약속을 받아내지 못한다면 기필코 수석 통역관의 목을 베리라!"

선조 임금이 이같이 엄명을 내리자, 모든 역관들이 몸을 움츠렸습니다. 누가 목숨을 내놓고 이런 일에 나서려고 하겠습니까? 그들은 논의 끝에 묘안을 한 가지 냈습니다.

"어차피 홍순언은 살아서 감옥을 나올 희망이 없으니 우리가 빚진 돈을 대신 갚아 주고 그를 보내는 게 어떻겠소? 만약 그가 성공해 돌아오면 좋고, 실패한다 해도 여한이 없을 거요."

어차피 죽을 목숨이었던 홍순언은 그 제안을 받아들였습니다.

선조 17년(1584), 홍순언은 마침내 북경에 도착했습니다. 어떻게 완고한 명나라 관리들을 설득할까 고심하며 조양문에 이르렀을 때, 어찌 된 영문인지 문 밖으로 비단 장막들이 구름처럼 펼쳐져 있었습니다. 그 사이로 어떤 기병이 준마를 타고 달려오더니 흥순언 앞에 섰습니다.

"귀공이 홍순언 공 맞으십니까?"

홍순언이 놀라서 고개를 끄덕이자, 그 기병은 말에서 내려 공손하게 무릎을 꿇었습니다.

"예부의 석 시랑께서 부인과 함께 공을 맞이하러 나오셨습니다."

홍순언은 그 말에 어리벙벙해졌습니다. 예부시랑(중국 예부의 관리)같이 높은 관리를 자신 같은 말단 역관이 알 리가 없었기 때문이지요. 잠시 후 많은 시녀들의 호위를 받으며 한 귀부인이 나타났습니다. 홍순언이 깜짝 놀라자, 풍채 좋은 남자가 귀부인 옆에서 다가오며 껄껄 웃었습니다.

"나는 예부시랑 석성이라고 하오. 몇 년 전 통주에서 은혜 베푼 일을 기억하시오? 아내에게 말씀 다 들었소이다. 그대는 참으로 의로운 분이시구려!"

귀부인이 눈물을 글썽이며 다가와 홍순언 앞에 무릎을 꿇었습니다. 홍순언이 당황해서 그녀를 일으키려 하자, 석성이 말했습니다.

"이것은 보은의 절이니 꼭 받으셔야 합니다."

귀부인은 홍순언에게 정중히 절을 올렸습니다. 홍순언도 황송해서 얼른 맞절을 했습니다. 그 부인은 지난날 홍순언이 도와주었던 바로 그 처녀였습니다.

　　"저는 대인의 은혜 덕분에 무사히 부모님의 장사를 지낸 후, 하늘의 인연으로 혼인하게 되었습니다. 저를 낳아 주신 분은 부모님이시지만 저를 다시 태어나게 해주신 분은 대인이십니다. 은혜를 갚으려 대인을 찾던 차에, 이리 직접 와주시니 더 고맙습니다."

　　홍순언은 예부시랑 부부의 극진한 대접을 받았습니다. 석성은 그때 홍순언이 주었던 300금을 돌려준 것은 물론, 온갖 값진 선물들을

한 아름 안겨 주었습니다. 홍순언은 사양했지만, 석성은 "이자를 받았다고 생각하시지요" 하며 떠안겼습니다.

"헌데 이번엔 어인 일로 이곳에 오셨소? 귀국의 사신들이 오실 때가 아닌데."

석성이 묻자, 홍순언은 자초지종을 말했습니다. 그러자 석성이 호기롭게 말했습니다.

"걱정 마시오. 귀공의 나라 일인데, 마땅히 도와드려야지요."

그리하여 홍순언이 걱정했던, 그리고 조선 조정의 오랜 근심이었던 역사 왜곡 문제가 순조롭게 해결되었습니다.

조선으로 돌아가는 날, 석성의 부인은 나전 세공을 한 고급스런 상자 10개에 각각 비단 10필씩을 담아 홍순언에게 주었습니다.

"이것은 대인께 드리려고 그동안 제가 손수 짠 것이옵니다."

홍순언은 이미 분에 넘칠 만큼 답례를 받았기에 정중히 사양했습니다. 하지만 깃대를 든 기병단이 압록강까지 달려와서 기어코 비단 꾸러미를 놓고 가버렸습니다. 비단 상자를 열어 보니, 비단 한 장 한 장마다 모두 '보은(報恩)'이란 글자가 정성껏 수놓아져 있었습니다.

선조는 그의 공을 크게 치하해 홍순언을 중인 역관으로서는 드물게 광국 이등공신으로 승진시키고 당릉군에 봉했습니다. 이제 홍순언은 빚도 갚고 승진도 하고, 석성과 임금님이 주신 온갖 선물들 덕분에 큰 부자가 되었습니다.

이 기막힌 이야기는 그 후 널리 퍼져서, 홍순언이 살던 동네는 보은단동(보은 비단의 동네)이라 불리었습니다. 이곳은 지금의 서울 중구 1가와 남대문로 1가에 걸쳐 있는데 그 덕분일까요, 이 지역은 오늘날 손꼽히는 상업 중심지가 되었답니다.

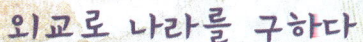

외교로 나라를 구하다

그 후로도 홍순언은 중국을 여러 차례 오가며 역관으로서의 능력을 발휘했습니다. 그런데 그의 선행이 훗날 다시 한 번 보답을 받게 됩니다.

1592년, 일본이 조선을 침략한 임진왜란이 일어났습니다. 건국 후 200여 년간 평화에 젖어 조선이 방심하고 있는 틈을 타, 왜군은 상륙한 지 단 20일 만에 한양까지 단숨에 진격해 왔습니다. 그제야 선조는 부랴부랴 피난을 떠나며 명나라에 사신을 급파해 원군을 보내 달라고 요청했습니다. 그런데 조선 사신보다 왜의 사신이 먼저 명나라에 도착해, 자신들이 조선과 짜고 같이 명나라를 공격하려 한다며 조선과 명나라 사이를 이간질했습니다.

"아닙니다. 그것은 왜의 음모입니다. 저희를 믿고 조선에 원군을 보내 주소서!"

뒤늦게 명나라에 도착한 조선 사신이 간곡히 설명했지만, 명나라 조정은 조선 조정이 영 탐탁지 않았습니다. 심지어 조선을 왜와 반씩 나눠 갖자는 얘기까지 돌았습니다. 다급해진 조선 조정이 명나라 관리들에게 뇌물을 써서라도 구원을 요청하려 하자, 홍순언은 이를 단호히 반대했습니다.

"외교란 오직 정성과 노력에 달렸습니다. 재물을 쓰면 안 그래도 힘든 이 나라를 더욱 피폐하게 하며, 이런 선례를 남기면 후손들까지 두고두고 고생하게 됩니다!"

환갑을 넘긴 홍순언은 자신이 직접 가는 대신 믿음직한 역관들을 보내 명나라 조정을 설득했습니다. '우리 조선은 예의의 나라로 지난 200여 년 동안 한결같이 명나라와 친분을 맺어 왔다. 이번에 조선 땅에서 왜군을 막지 못하면 명에도 큰 화가 미칠 것이다'라는 논조로 조목조목 설득하자, 예부시랑 석성이 거들고 나섰습니다.

"맞습니다. 파병을 해 왜군을 막아야 합니다. 왜놈들이 노리는 것은 결국 우리 명나라입니다."

　임진왜란을 일으킨 왜의 적장 도요토미 히데요시는 조선 왕에게 보낸 편지에서 '가도입명(假道入明)', 즉 명나라로 갈 수 있게 길을 빌려 달라는 말을 써서 명나라에도 간접적인 선전포고를 했습니다. 명나라도 어차피 오래전부터 왜구들의 약탈에 시달렸던 터라, 조선에 군대를 보내 조선과 함께 왜를 격퇴하자는 쪽으로 바뀌었습니다. 명나라 군대가 조선을 도우러 오자, 전국 각지에서 낫과 곡괭이를 들고 싸우던 조선 백성들은 힘을 얻어 더욱 열심히 싸워 마침내 왜군을 물리쳤습니다.

　이에 대해 훗날 성호 이익은 "임진왜란 때 명나라가 군사를 파견한 것은 석성의 덕이 제일 큰데, 이는 곧 역관 홍순언 덕분이다"라며 홍순언을 칭찬했습니다. 한 여인을 살린 것이 조국을 살린 셈이 되었다면서요.

나라를 구한 역관

　홍순언의 이야기는 연암 박지원의 저서 『옥갑야화』, 역관들의 역사를 정리한 『통문관지』, 조선 시대 야사 모음집 『연려실기술』 등 많은 문헌에 남아 오늘날까지 전해지고 있습니다. 이 이야기는 시대에 따라 부분적으로 바뀌면서도 신기하고 놀라운 미담으로 오랫동안 사람들의 입에 오르내렸습니다.

그런데 정말로 홍순언이 한 여인을 도왔다는 이유만으로 명나라의 파병이 가능했을까요? 파병이란 다른 나라를 위해 수많은 생명과 재산의 희생을 감수하는 일이기 때문에 그렇게 간단히 결정될 사안이 아닙니다. 명나라로서는 자기 나라를 위해 조선에서 먼저 전쟁을 치른 것이었지만, 당시 사람들은 명나라 파병이 모두 홍순언 덕분이라고 과장해서 이야기했습니다.

이에 대해 오늘날 학계에서는 그 이야기가 임진왜란 후 100여 년이 지나서야 기록되어 정확성이 떨어지고, 또 조선 돕기에 앞장섰던 석성에 대해 당시의 조선인들이 매우 미안해했던 점을 들어 훗날 미담으로 전해져 내려오는 것이라고 이해하고 있습니다. 그렇게 열심히 조선을 거들었던 석성이 딱하게도 훗날 관직에서 쫓겨나고 말았거든요.

어찌 되었건 역관 홍순언은 외교적 능력을 발휘해 역관의 신분으로는 이례적인 지위에 올랐고, 자신의 외교 철학을 줄곧 지켜내서 훗날 후배 역관들로부터 큰 존경을 받았답니다.

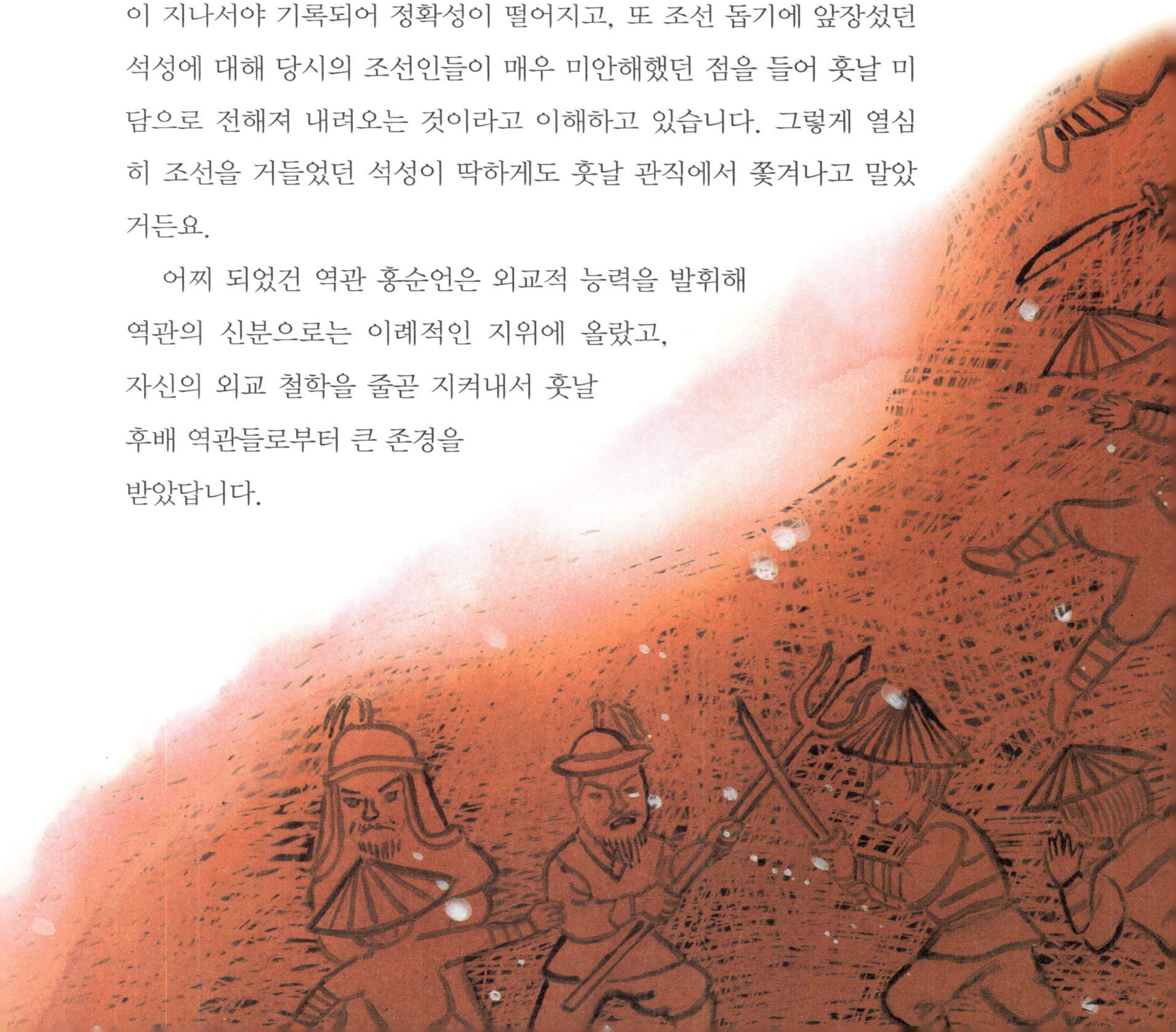

되로 주고 말로
받은 조공 무역

　예로부터 우리나라를 포함한 동아시아 외교의 기본 법칙은 사대
교린(事大交隣)이었습니다. 사대교린이란 중국을 '큰 나라'로 섬기고,
이웃의 일본이나 여진과는 사이좋게 지내는 정책을 말합니다.

　이러한 관계는 '큰 나라' 중국에게 조공품(선물)을 바치면 중국이
'하사품'을 내리는 조공 무역 방식으로 유지되었는데, 중국은 왕조가
자주 바뀐 탓에 이런 방법을 통해 그때그때 이웃 나라들에게 자신들
의 위치를 인정받을 수 있었습니다.

　중국을 '큰 나라'로 섬기다니 언뜻 굴욕적으로 보일 수도 있지만,
사실 당시의 우리나라로서는 현실적인 외교 방법이었습니다. 사대를
명목으로 우리나라가 조공품을 보내면, 중국은 '큰 나라'라는 체면을
유지하기 위해 훨씬 더 값비싸고 많은 답례품들을 보내야 했거든요.
이것은 우리에게 매우 큰 이득이 되었기 때문에, 우리나라는 되도록
조공 횟수를 늘리려 했고 중국은 반대로 줄이려 애썼습니다.

　한편 우리나라는 중국 이외의 여진족 · 거란족 · 일본 등과도 사대

조선 후기 일본 사신을 맞이하는 동래 원님
『동래부사접왜사도』

교린 관계를 맺었는데, 이때에는 우리가 거꾸로 '큰 나라'의 위치에서 다른 나라의 조공을 받고 하사품을 내렸습니다.

이 과정에서 우리는 여진족으로부터 말을, 일본으로부터 은을 싸게 받아 중국에 비싸게 파는 삼각무역을 벌여 큰 이익을 챙기기도 했습니다.

조선은 중국에게 '신하의 나라'가 되어야 했지만 그것은 단지 외교적 명칭에 지나지 않을 뿐, 중국은 조선의 내정에 함부로 간섭할 수 없었습니다. 훗날 '사대주의'라 비판도 받았지만, 당시 우리에게는 '되로 주고 말로 받는' 이로운 외교 방법이었답니다.

◉ 변승업 (1680~1709)

박지원의 소설 『허생전』에서 허생에게 돈을 빌려 주는 부자의 모델이 된 실존 인물. 역관 출신으로 왜관에서 근무하며 사무역을 통해 많은 재산을 모았다. 한때 그의 일가에서 풀린 돈의 양에 따라 한양 도성 안의 물가가 오르내렸다는 설이 있다. 변승업은 자신의 위치와 책임을 깨닫고 금융의 유통을 스스로 제한하고 조절하며 후손들에게도 이를 철저하게 지키도록 했다.

◉ 우리 국제 무역장의 역사

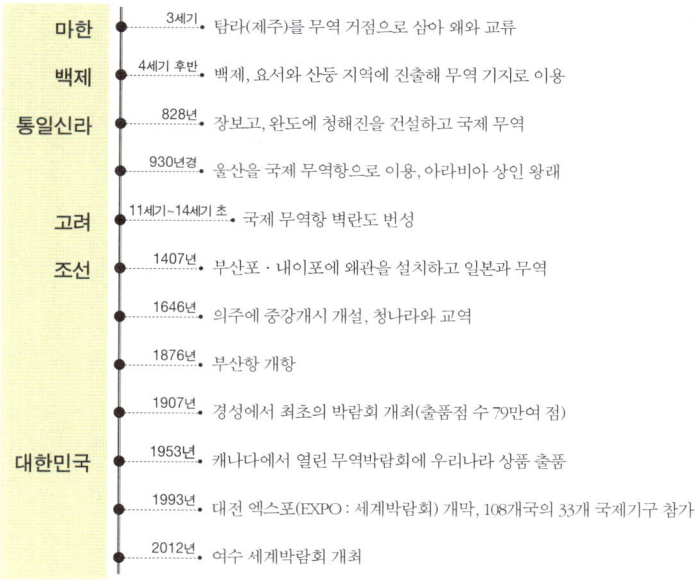

시대	연도	내용
마한	3세기	탐라(제주)를 무역 거점으로 삼아 왜와 교류
백제	4세기 후반	백제, 요서와 산둥 지역에 진출해 무역 기지로 이용
통일신라	828년	장보고, 완도에 청해진을 건설하고 국제 무역
	930년경	울산을 국제 무역항으로 이용, 아라비아 상인 왕래
고려	11세기~14세기 초	국제 무역항 벽란도 번성
조선	1407년	부산포 · 내이포에 왜관을 설치하고 일본과 무역
	1646년	의주에 중강개시 개설, 청나라와 교역
	1876년	부산항 개항
	1907년	경성에서 최초의 박람회 개최(출품점 수 79만여 점)
대한민국	1953년	캐나다에서 열린 무역박람회에 우리나라 상품 출품
	1993년	대전 엑스포(EXPO : 세계박람회) 개막, 108개국의 33개 국제기구 참가
	2012년	여수 세계박람회 개최

전설이 된 갑부

변승업

전설이 된 갑부 변승업

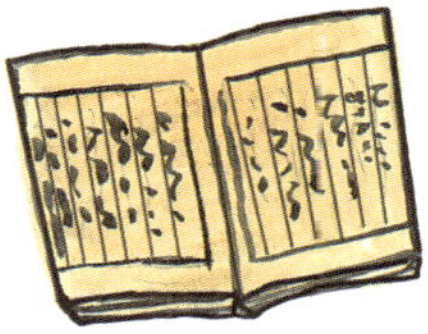

아홉 형제 중 여섯이 역관?!

"점수가 이게 뭐냐?"

"……."

"이래 가지고 어느 세월에 역관이 되겠느냐?"

어제 본 모의 시험 결과를 보고 아버지가 호통을 쳤습니다. 승업은 아랫입술을 꾹 깨물었습니다. 이제 곧 제일 듣기 싫어하는 말씀을 하실 차례니까요.

"네 형들 좀 본받아라. 첫째 형과 셋째 형은 무과에 합격해 무관이 되었고, 넷째 형과 다섯째 형은 일찍이 한어(중국어) 역관 시험에 합격해 청나라를 오가고, 여섯째 형과 일곱째 형은 몽어(몽골어) 역관으로 활약하고 있다. 그리고 네 바로 위의 여덟째 형은 사역원의 왜어(일본어) 반에서 1등을 하고 있지 않느냐. 어째서 너만 청개구리 같이 천방지축이냐."

승업네 가족은 유명한 역관 집안입니다. 아버지 변응성도 예전에 사신을 모시고 중국 북경에 다녀온 한어 역관이었고, 위로 여덟이나 있는 형들 중 무려 네 명이 이미 역관으로 활약 중이며, 바로 위 여덟째 형도 일본어 역관 시험을 준비 중입니다. 하지만 막내인 승업은 도통 공부에 흥미가 없었습니다.

倭語
왜 어

"중인인 우리 밀양 변씨 가문이 살아 남을 길은 열심히 관직에 나가는 것뿐이다. 중인 중에서 가장 실속 있는 직업이 바로 역관이고. 너도 역관이 될 수 있도록 열심히 공부하거라."

譯科
역 과

조선 시대에는 다른 나라에 정기적으로 사신을 보냈는데, 그때 무엇보다 중요한 것이 유창한 외국어 실력이었습니다. 때문에 우리나라는 삼국 시대부터 꾸준히 중국에 유학생을 보냈는데 고려와 조선 시대에는 역과(譯科)라는 과거 시험을 통해 역관을 뽑았습니다.

역관은 양반이 아닌 중인 계층에 속했지만 제한적으로나마 국제 무역을 할 수 있어 큰돈을 벌 수 있었습니다. 특히 승업이 살았던 17세기 중반에는 역관들의 무역 활동이 아주 활발했습니다. 임진왜란 이후 나라에서 중국과의 국경 근처에 정기적인 국제 시장을 허가한 덕분에, 역관은 외교 업무를 보는 북경에서는 물론, 돌아올 때 국경의 국제 시장에도 들러 조선의 인삼이나 옷감, 은 등을 비싸게 팔고 중국의 고급 비단 등을 사와 국내에 되파는 방법으로 큰 이익을 남길 수 있었습니다. 승업의 아버지와 큰아버지도 이렇게 중국을 오가며 재산을 모았습니다.

"또 아버지께 야단맞았느냐?"

아버지가 나가신 후 막내 형이 말을 건넸습니다. 머리 좋은 여덟째 형은 어찌나 공부를 잘하는지 시험 때마다 1등을 차지했습니다. 승업은 형에게 툴툴거렸습니다.

"약올리러 오셨습니까?"

"내가 그렇게 한가한 줄 아느냐? 그보다 너, 몇 달 뒤에 사역원 입학 시험을 치르지?"

사역원은 오늘날로 치면 국립 외국어 학교인데, 입학 시험이 매우 어려웠습니다. 형은 승업에게 서책 하나를 내밀었습니다. 낡은 책표지에는 '첩해신어'(당시의 일본어 교재)라 쓰여 있었습니다.

"내가 사역원 입학 준비할 때 썼던 책이다. 이걸로 잘 해봐."

승업은 가슴이 뭉클해졌습니다. 하지만 서책을 몇 장 넘기다 말고 다시 한숨을 쉬었습니다.

"형님, 전 무리 같아요. 준비하기엔 너무 늦었어요."

"무슨 소리냐! 아버님께선 자그마치 쉰여덟의 연세에 주경야독하시며 역관 시험에 합격하셨어. 평생 중국 국경을 넘나들며 고생고생하시면서 우리 열 남매를 키웠는데, 그 연세 되셔서 공부하느라 얼마나 고생을 많이 하셨겠냐? 배부른 소리 하지 마라."

당시에는 관리가 아니고서는 외국을 오가며 사무역을 할 수 없었기 때문에 승업의 아버지는 관리의 하인으로 위장해 몰래 중국을 오가다가 뒤늦게 역관이 되셨습니다. 온갖 고생을 한 아버지 덕분에 지금 승업은 풍족하게 지낼 수 있는 것입니다. 승업은 크게 반성하고 형이 준 책으로 열심히 공부했습니다.

일본어 역관이 되려면 사역원을 나온 후에도 3년에 한 번씩 열리는 까다로운 역과 시험에서 1, 2등을 해야만 했습니다. 중국어 역관은 13명 뽑았지만, 그 밖의 외국어 역관은 딱 2명씩만 뽑았기 때문이지요. 몇 년 후 막내 형은 1등, 그것도 사역원 전체의 장원급제를, 승업은 일본어과의 2등을 차지해 두 형제가 나란히 합격했습니다. 이로써 밀양 변씨 가문에는 여섯 형제가 역관이 되는 경사가 났습니다.

"너희들이 자랑스럽구나. 허나 이제부터가 시작이니라. 실제 발령을 받아야만 진짜 역관이 될 수 있으니, 참고 기다리며 계속 공부하거라."

아버지의 말씀에 형제는 다시 각오를 다졌습니다. 그렇게 힘들게 합격해도 실제 역관 자리는 매우 한정되어 있어, 몇백 명의 역관이 차례로 돌아가며 몇 년에 한 번씩만 근무할 수 있었습니다. 승업의 아버지가 아들들을 줄줄이 역관으로 키운 것도 그 때문입니다. 몇 년에 한 번 갈 수 있는 외국 길이지만, 형제들이 번갈아 다녀오며 사무역을 하면 적지 않은 재산을 모을 수 있었으니까요.

잘 나가는 왜관 역관

고려 말에 득실거리던 왜구들로 큰 피해를 입었기 때문에 새로 건국

한 조선은 대마도를 정벌해 왜구를 토벌하는 한편, 부산 쪽에 정기적으로 무역을 할 수 있는 장소를 마련해 일본인들이 자유롭게 드나들며 교역을 할 수 있게 했습니다. 이곳이 바로 왜관으로 지금의 부산 지역인 동래부에 있었습니다.

변승업은 유창한 왜어 실력을 인정받아 몇 년 후 왜관의 별차라는 직책을 맡게 되었습니다.

"좋겠다. 거기 요즘 잘 나가는 자리잖아."

동료들은 모두 그를 부러워했습니다.

당시 일본은 중국과 사이가 나빠져서 무역이 단절되자, 조선과의 무역에 열을 올렸습니다. 반면 조선은 불과 몇십 년 전에 임진왜란을 겪은 터라 일본을 크게 경계해 일본 조정에서 나온 사신조차 멀리 부산의 왜관에서만 일을 보게 했습니다.

따라서 왜관에서는 공식적인 외교 업무는 물론, 두 나라 간의 조공 무역, 일본 사신들과 상인들의 사무역까지 겹쳐 거래가 매우 활발하게 이루어졌습니다. 이들과의 의사소통을 맡은 일본어 역관은 통역뿐 아니라 무역장을 관리하고 감독하는 일까지 맡았기 때문에, 자연스럽게 사무역을 벌일 기회도 많았습니다.

오늘은 일본 대마도에서 사신이 왔습니다. 대마도는 예로부터 조선과 일본 열도를 잇는 중계지로서 중요한 역할을 해왔습니다. 일본 사신들과 조선 관리들이 한자리에 모여 서로 교환할 두 나라의 물품을 진열했습니다.

일본 사신단이 조공품으로 가져온 것은 소목이라는 약재와 단목이라는 염료, 후추, 물소 뿔, 창검 등의 무기류이고, 조선이 답례품으로 보낼 물품은 호랑이 가죽을 비롯한 각종 가죽과 쌀, 인삼, 비단 ·

변승업

삼베·모시 등의 직물류, 화문석 등입니다. 각자 교역품의 종류와 수량을 기록한 보고서를 읽던 변승업이 갑자기 얼굴을 찡그렸습니다.

"물소 뿔의 수량이 처음 약속했던 것보다 적소. 어찌된 일이오?"

일본어로 묻자, 일본 관리가 머리를 조아리며 답했습니다.

"물소 뿔은 저희도 남방국(동남아시아 국가)에서 수입하는 형편인데, 올해 남방에 다녀오던 무역선이 그만 태풍을 만나 가라앉는 바람에 저희도 부족한 형편입니다."

"올해는 물소 뿔을 더 많이 수입하라 했는데, 이거 큰일이군."

물소 뿔은 활을 만드는 주재료인데, 올해는 더 많이 수입하라는 훈련도감의 명령이 있었습니다. 변승업이 걱정하고 있자, 이번에는 일본 관리가 물었습니다.

"저희도 인삼을 더 수입하고 싶은데, 어떻게 안 되겠습니까?"

"유감이지만, 올해는 꼭 이만큼만 보내라고 조정에서 엄명을 내리셨소."

우리나라 인삼의 효능은 예로부터

유명해서 일본에서도 인기가 대단했습니다. 그러나 당시에는 아직 인삼 재배가 이루어지지 않아 산에서 캐는 자연삼이 전부인 데다 채집량도 해마다 줄어 나라에서 수출량을 제한하고 있었습니다.

그때 왜관에서 가장 높은 직급인 훈도가 변승업을 불렀습니다.

"올해 저들의 조공품만으로는 조정 할당량에 한참 못 미치네. 마침 왜관에 온 일본 상인이 물소 뿔을 많이 갖고 와서 몰래 팔고 있다고 하니, 이 인삼으로 자네가 재주껏 구해 보게."

훈도는 조정에서 보내온 인삼 몇 포를 변승업에게 주며 물소 뿔을 반드시 구해 오라고 당부했습니다. 조정이나 왕실에서 쓸 물품을 조달하는 것도 역관의 중요한 임무 중 하나였거든요. 조정에서는 물품을 사는 데 필요한 돈을 미리 보냈지만 가끔 늦게 보낼 때도 있었습니다. 그럴 경우 역관은 자기 돈으로 재량껏 싸게 사서 조정에 제 값에 팔기도 하고, 관청이 아닌 다른 곳에 팔아 이득을 남겼습니다.

변승업은 열심히 수소문한 끝에 물소 뿔 전문

수입 상인과 만날 수 있었습니다. 인삼을 놓고 한참 실랑이를 벌인 끝에 비교적 싼값에 물소 뿔을 사서 조정에 필요한 만큼 보낼 수 있었습니다. 이득이 남자 변승업은 자신의 돈을 보태 물소 뿔을 좀 더 사서 다른 지역 관청에 물소 뿔을 납품하는 상인에게 수고비를 받고 되팔았습니다.

시간이 흘러 42세가 되던 해인 1664년, 변승업은 왜관을 총관리하는 훈도로 승진했습니다.

경작지가 적어 조선에서 쌀을 대량으로 수입하던 대마도에서 올해는 쌀의 양이 부족하다며 불평을 해왔습니다. 대마도주가 조선에 사신까지 보내 외교 문제로 확대되자, 변승업은 사신을 잘 구슬러 조선에 유리한 쪽으로 이끌었습니다. 이는 뛰어난 외국어 실력은 물론, 두 나라의 사정을 잘 알고 조율할 줄 아는 외교 능력이 있었기에 가능한 일이었지요.

왜관을 오가는 일본인들의 이상 행동을 감시하는 것도 훈도의 중요한 임무였습니다. 밤중에 몰래 왜관을 빠져나가 부산 민가에서 위험한 물건을 밀무역하는 자도 있었고, 가끔 화가 나면 칼을 빼들고 난동을 부리는 자, 상인인 척하면서 조선 사정을 염탐하는 일본 첩자들도 있었으므로 변승업은 군관들을 입구마다 배치하고 경계를 게을리하지 않았습니다.

가족 사업을 시작하다

그러던 어느 날, 중국어 역관으로 일하는 여섯째 형이 변승업을 찾아왔습니다.

"먼 부산포까지 웬일이세요, 형님."

"지난번 사신 행차 때 관아에서 은을 빌려다가 중국에서 백사(비단실)를 사왔는데, 한양에서는 좀처럼 좋은 값을 받을 수 없지 뭐냐. 일본인들에게 백사를 팔아서 관아에 갚을 은화 좀 마련해 다오."

관아에서는 역관들이 나라 안팎으로 무역을 많이 벌이자 이자를 받고 역관들에게 은을 빌려 주었습니다. 이로 인해 역관들이 너도나도 무역에 뛰어드는 바람에 한양에는 수입품이 넘쳐나 값이 떨어졌습니다. 그러자 외국에서 사온 물건을 제값에 팔지 못하는 일이 생겼습니다.

변승업은 형의 고민을 풀어 주기 위해 한 달에 여섯 번 열리는 왜관 시장에 백사를 가지고 나갔습니다.

"백사 사시오! 윤기 자르르한 비단을 만들어 줄 중국의 백사요!"

백사는 순식간에 다 팔리고 무려 세 배나 되는 이문이 남았습니다. 형님은 몹시 기뻐하며 관아의 빚을 모두 갚았습니다. 이 소문이 퍼지자 형제들은 물론 사촌들까지도 변승업에게 물건을 대신 팔아 달라고 부탁했습니다.

"막내야, 내가 사온 비단도 왜관에서 좀 팔아 다오."

"나도 만주에 다녀오면서 좋은 가죽을 사왔거든."

변승업의 가족 중에는 여섯 명의 형제 역관 말고도 그들 각자의 아들들, 또 친척의 조카들도 역관으로 활약하고 있었습니다. 그들이 모두 한꺼번에 부탁해 오자 변승업은 두 손을 들었습니다.

"형님들! 저 혼자서는 다 못 해요. 각자 역할을 분담하자고요."

그리하여 이들은 서로 힘을 모아 본격적으로 가족 사업을 시작했

습니다. 중국에 오가는 형제들이 백사와 비단을, 만주에 오가는 형제들이 각종 동물 가죽을 수입해서 왜관에 보내면, 변승업은 일본인들에게 비싼 값에 팔고 은화를 받아 형제들에게 보냈습니다. 그러면 형제들은 은화로 다시 외국에서 물품을 사와 변승업에게 보냈지요. 그들은 인삼 상인들과도 협력해 귀한 인삼들을 일본인들에게 비싼 값에 팔았습니다.

　사업이 점점 커져 가족들만으로는 감당할 수 없게 되자, 이제 일반 상인에게도 물품의 운반과 판매를 맡기기 시작했습니다. 운반은 당시 '송방'이라는 지점을 곳곳에 두고 전국적으로 활약하던 개성상인들이 맡았고, 왜관에서의 판매는 현지 동래상인들이 맡았습니다.

"꽤 짭짤한걸. 이 사업을 우리도 해봅시다."

동래상인은 개성상인과 중국 국경 근처의 의주상인들과 연합해 독자적인 사업을 시작했습니다. 자신들의 돈으로 북쪽 국경의 무역 시장에서 백사와 비단을 직접 수입해 왜관에 팔기 시작한 것입니다. 당시 일본에서는 비단과 비단실의 수요가 갈수록 늘어나 사오는 족족 날개 돋친 듯 팔려 나갔습니다.

이렇게 남북을 가로지르는 무역이 급증하자, 조선 전체의 상업과 교통 발달에 큰 자극이 되었습니다. 뿐만 아니라 일본으로부터 엄청난 양의 은이 들어와 나라 전체에도 큰 이익이 되었습니다. 그 은은 다시 무역 자금으로 돌아, 관아는 이자와 세금이 늘어나서 좋고 역관과 상인들은 돈을 잘 벌어 좋았습니다.

최고의 역관이 되다

변승업은 59세에 '문위행'으로 임명되
었습니다. 문위행은 단순한 역관이 아니라,
사신의 대리 자격으로 대마도에 가서 대마도주와
정치·경제적 실무를 논하는 직책입니다. 대마도주는 종종
에도(지금의 도쿄)에 다녀왔기에, 그를 통해서 일본 전체의 상황을 파
악할 수 있었습니다.

　"요즘 일본은 정치가 안정되어 경제도 날로 발전하고 있습니다."

　"잘 되었소. 조선에서 요즘 상평통보의 쓰임이 늘어나 동전을 만
드는 데 쓸 동의 수입을 더 늘렸으면 합니다만, 가능한지요?"

　"에도 조정과 상의해 동의 수출을 늘리도록 건의하겠습니다."

　변승업은 앞에서는 외교 사절로 친선과 무역에 힘쓰면서, 부하 역
관들을 일본인으로 변장시켜 일본의 상세한 정황을 알아냈습니다.
또 몰래 무기 상인과 접촉해 일본 조정이 수출을 금지하고 있는 조총
과 화약의 재료인 유황과 염초를 대량으로 사들였습니다.

　바쁜 와중에도 변승업은 형제들이 보내온 중국 비단과 도자기를
일본 현지에서 비싸게 팔아 개인적으로도 상당한 이득을 챙기기도
했습니다. 왜관과 달리 일본에서 직접 팔면 중간 상인에게 돈을 떼이

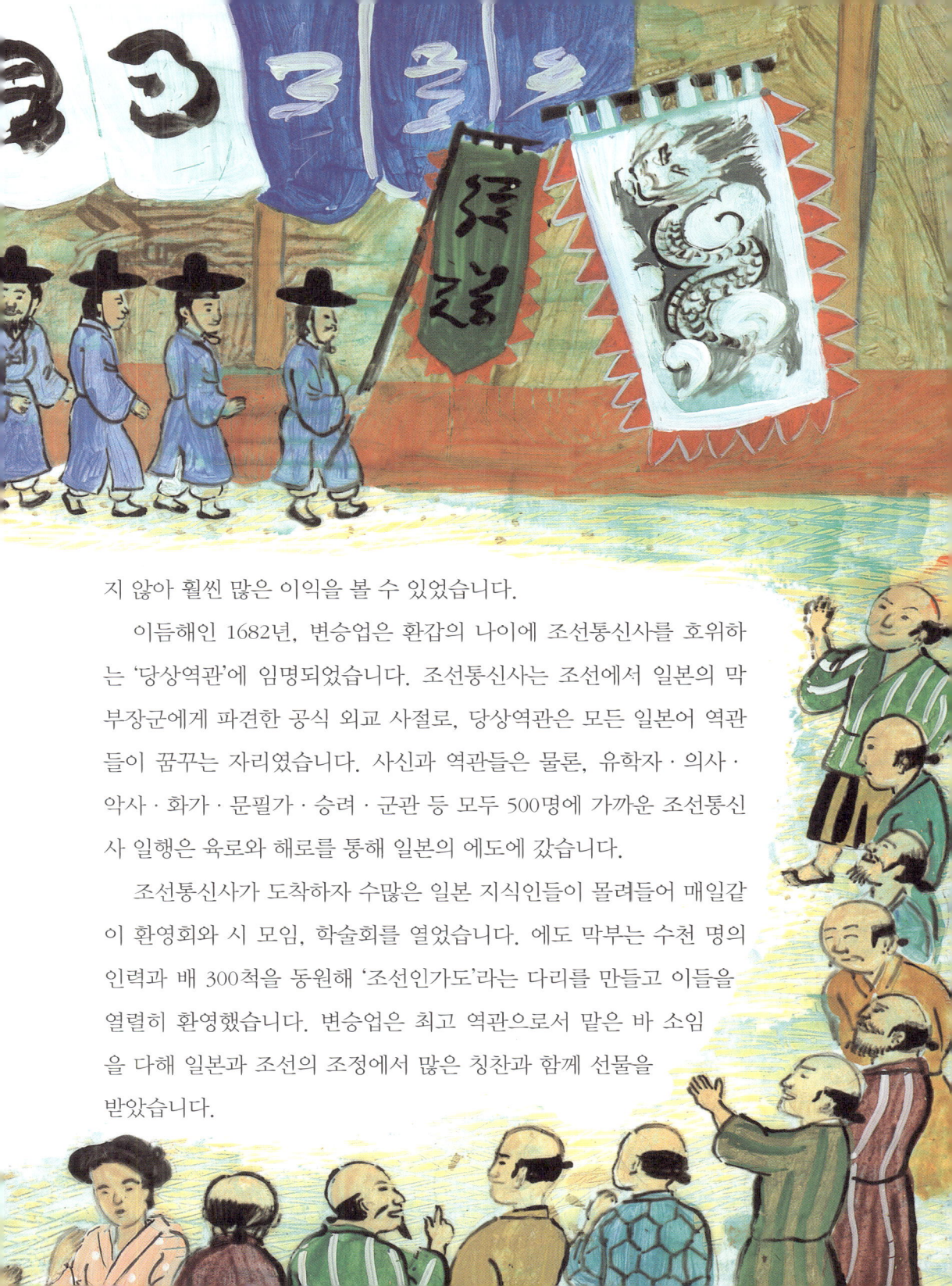

지 않아 훨씬 많은 이익을 볼 수 있었습니다.

　이듬해인 1682년, 변승업은 환갑의 나이에 조선통신사를 호위하는 '당상역관'에 임명되었습니다. 조선통신사는 조선에서 일본의 막부장군에게 파견한 공식 외교 사절로, 당상역관은 모든 일본어 역관들이 꿈꾸는 자리였습니다. 사신과 역관들은 물론, 유학자·의사·악사·화가·문필가·승려·군관 등 모두 500명에 가까운 조선통신사 일행은 육로와 해로를 통해 일본의 에도에 갔습니다.

　조선통신사가 도착하자 수많은 일본 지식인들이 몰려들어 매일같이 환영회와 시 모임, 학술회를 열었습니다. 에도 막부는 수천 명의 인력과 배 300척을 동원해 '조선인가도'라는 다리를 만들고 이들을 열렬히 환영했습니다. 변승업은 최고 역관으로서 맡은 바 소임을 다해 일본과 조선의 조정에서 많은 칭찬과 함께 선물을 받았습니다.

전설이 된 갑부

나이가 들자, 변승업은 관직에서 물러났습니다. 역관으로서 최고 자리에도 올라 보았고 재산도 웬만큼 모은 그는 이제 돈을 빌려 주고 이자를 받는 고리대 사업을 시작했습니다.

조선 중기 이후 농업 생산력이 높아지고 수공업이 발달하면서 지방 장시가 늘어나 전국적으로 상인들이 많아졌습니다. 변승업은 맨몸으로 뛰어든 상인들에게 사업 자금을 빌려 주었습니다. 은행이 기업에 돈을 빌려 주고 이자를 받는 것처럼요. 변승업을 비롯한 부자 역관들이 했던 고리대는 오늘날의 은행 역할을 톡톡히 했습니다.

"돈놀이만 할 것이 아니라, 우리가 직접 사업을 해봅시다."

역관들은 서로 힘을 합쳐 궁각계를 결성하고, 상인들처럼 물소 뿔을 수입해 전국의 관청에 팔았습니다. 또 무역뿐만 아니라 광산업이나 홍삼 제조업에도 투자하여 많은 이익을 남겼습니다.

변승업은 이제 한양에서 제일가는 부자가 되었습니다. 고리대 사업도 나날이 번창해서, 변승업 집안의 이자율이 곧 조선의 이자율로 결정될 정도였습니다. 그가 어찌나 유명했던지, 변승업이 죽은 뒤 70년이 지난 후 연암 박지원의 소설 『허생전』에서 한양 제일의 부자 '변씨'로 그려졌을 정도였지요.

『허생전』의 내용을 보면, 남산 아래 묵적골에서 글만 읽던 가난한 선비 허생은 아내의 성화로 공부를 중단하고 돈을 벌기로 작정합니다. 그는 한양 최고의 갑부 변씨를 찾아가 다짜고짜 말합니다.

"내 집이 가난해서 그런데 무엇을 좀 시험해 볼까 하니, 만 금을 빌려 주시오."

이 말을 들은 변씨는 그의 이름도 묻지 않고 선뜻 돈을 빌려 줍니다. 이를 본 가족들이 깜짝 놀라 이유를 묻자, 변씨가 말했습니다.

"저 손님은 행색은 초라하나 눈빛이나 행동에 당당함이 넘쳤다. 분명 뭔가를 해낼 사람인데, 기왕 빌려 줄 바에 이름은 물어서 무엇하겠느냐."

이때 변씨가 허생에게 빌려 준 만 금이란 돈은 지금으로 따지면 2억 원쯤 된다고 합니다. 허생은 그 돈으로 과일과 말총 등을 매점매석해 큰돈을 벌고, 도적들을 모아 무인도를 경작한 후 수확한 곡식을 일본에 팔아 100만 냥의 수익을 올립니다. 허생은 이 가운데 10만 냥을 들고 가 변씨에게 빚을 갚지요.

변승업은 이처럼 소설 속에서 대범하게 그려질 만큼 부자였지만, 결코 자신의 이익만을 좇지는 않았습니다. 그가 죽을 때쯤 여기저기 빌려 준 돈을 헤아리니 은 50만 냥, 지금 돈으로 무려 400억 원에 이르렀다고 합니다. 자식들이 이를 모두 거둬들이려 하자 변승업은,

"나라 경제 전체가 휘청거릴 수 있다. 그 많은 사람들의 명맥을 끊어 놓고 어떤 재앙을 받으려 하느냐. 그냥 흩어 버려라."
하며 빚을 모두 탕감해 주었다고 합니다. 자기 돈을 자신만의 것이라 생각지 않고 사회에 미칠 파장까지 헤아리는 책임감을 갖고 있었던 것이지요.

변승업의 집안은 무려 280년간 20대에 걸쳐 37명의 역관을 배출하여 조선 최고의 역관 명문가를 이뤘습니다. 그의 후손들은 역관뿐만 아니라 무역 상인으로도 활동했습니다. 이들의 활약은 조선 후기에 상업과 상인층이 발달하는 데 매우 큰 역할을 했답니다.

변승업

조선의 다재다능한
지식인, 역관

1712년(숙종 38년) 청나라는 관리를 보내 국경선을 확실히 한다는 명목으로 우리의 백두산을 통째로 자기네 땅으로 취하려 했습니다.

그러자 역관 김지남과 그의 아들 김경문은 청나라 관리와 담판을 지어 백두산 천지의 북쪽은 청나라 땅, 남쪽은 우리 땅임을 정하는 경계비를 세웠습니다. 또한 김지남은 젊었을 때 화약의 재료인 염초 제조법을 중국에서 몰래 배워 와 국내에 보급하기도 했지요.

이처럼 역관들은 통역관인 동시에 외교가로, 때로는 무기 밀매상이나 스파이로도 활약했습니다. '상역'이라 불릴 만큼 장사에도 능해 큰 부자가 되기도 했지요.

조선 시대에는 여러 역관 명문가가 탄생했는데, 조선 최고의 갑부였던 변승업의 밀양 변씨 가문 말고도 그 유명한 장희빈을 앞세워 권세를 누렸던 인동 장씨 가문이나, 백두산을 지켜 낸 김지남의 다섯 아들과 후손들도 대대로 역관이 되어 가문을 빛냈습니다.

이들은 조선 사회에 활력을 불어넣고, 개성상인 같은 민간 상인들

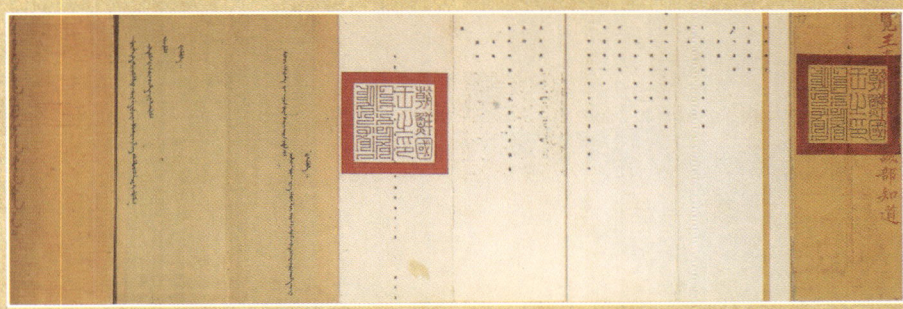
1827년 조선 역관이 중국 황제에게 가지고 간 외교 문서

의 성장을 도와 조선 후기의 경제와 상업이 발달하는 데 큰 역할을
했습니다.

　역관들 중에는 쇄국 정책으로 문호가 닫혀 있던 시대에 새 문물을
앞서 받아들이고 보급한 선각자도 많았습니다. 이들은 천주교를 전
파하고 개혁 사상가가 되거나 독립운동가가 되기도 했습니다. 또한
시문(詩文)에도 능했고, 외국에서 각종 신기술과 과학 문물을 들여와
실학과 과학의 발달을 앞당겼습니다.

　이렇게 다재다능한 역관들이 자신의 능력을 발휘해 부자가 되었
다는 것은 그리 놀랄 일이 아니지요?

◎ 개성 상인 (고려~조선 시대, 10~19세기)

고려와 조선 시대에 개성을 중심으로 활동한 상인 집단. '코리아(Korea, 고려)'란 이름을 세계에 처음 알리며 활발한 국제 무역을 펼친 고려 상인의 후예로서 '송상(松商)'이라고도 불렸다. 서양보다 200년 앞선 부기법을 고안하고 '송방'이라는 전국적 상업망을 구축해 유통과 상업의 발달을 이끌었으며, 외국과의 무역에도 참여해 많은 이익을 올렸다.

◎ 우리 돈의 역사

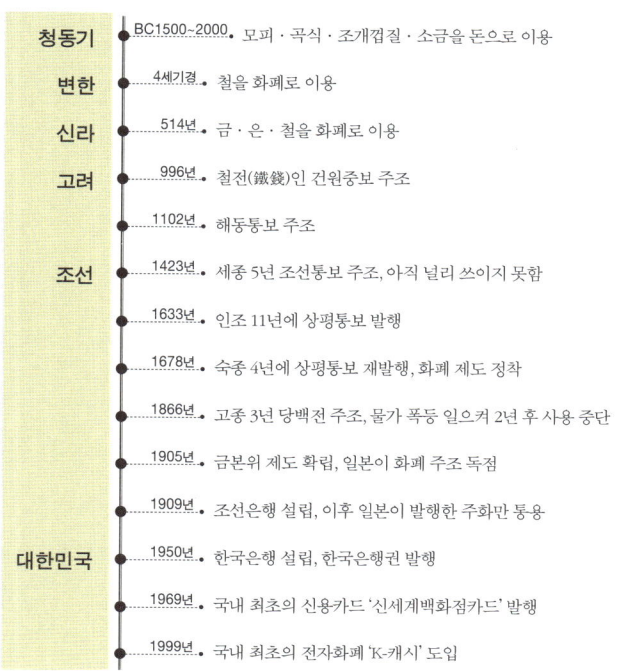

시대	연도	내용
청동기	BC1500~2000	모피 · 곡식 · 조개껍질 · 소금을 돈으로 이용
변한	4세기경	철을 화폐로 이용
신라	514년	금 · 은 · 철을 화폐로 이용
고려	996년	철전(鐵錢)인 건원중보 주조
	1102년	해동통보 주조
조선	1423년	세종 5년 조선통보 주조, 아직 널리 쓰이지 못함
	1633년	인조 11년에 상평통보 발행
	1678년	숙종 4년에 상평통보 재발행, 화폐 제도 정착
	1866년	고종 3년 당백전 주조, 물가 폭등 일으켜 2년 후 사용 중단
	1905년	금본위 제도 확립, 일본이 화폐 주조 독점
	1909년	조선은행 설립, 이후 일본이 발행한 주화만 통용
대한민국	1950년	한국은행 설립, 한국은행권 발행
	1969년	국내 최초의 신용카드 '신세계백화점카드' 발행
	1999년	국내 최초의 전자화폐 'K-캐시' 도입

개성상인

우리 역사의 국가 대표 상인들

개성상인

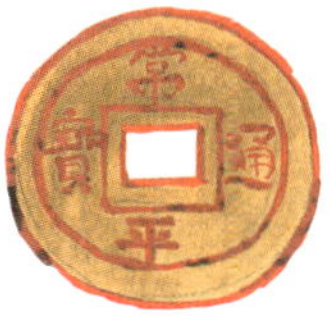

괄시받는 개성상인

"네 이놈! 배달 나갔다가 대체 무슨 짓을 한 게냐?"

꾸벅꾸벅 졸던 개똥이의 머리 위로 불호령이 떨어졌습니다. 화들짝 놀라서 일어나자, 주인이 떡 하니 버티고 서 있었습니다.

"한양에서 오신 김 첨지께서 화가 단단히 나셨더라. 어떻게 된 게야?"

그 말을 듣자, 개똥이는 다시 울컥했습니다.

개성의 한 포목점에서 말단 사환(점원)으로 일하는 열네 살 개똥이는 아침에 주인의 심부름으로 옆 마을에 면포를 배달하러 갔습니다. 그런데 길에서 마주친 어느 양반이 제대로 허리 굽혀 인사하지 않았다며 개똥이를 크게 혼냈습니다. 등에 짊어진 봇짐이 무거워서 그랬

　는데도, 그 양반은 얄미운 한양 말투로 "누가 천한 개성 장사치의 자식 아니랄까 봐!" 하고는 가버렸습니다. 개똥이는 기분이 크게 상했습니다.

　"왜 한양 사람들은 늘 우리 개성 사람을 깔보나요?"

　"그야 우리 개성 사람들이 대부분 상업에 종사하기 때문이겠지."

　"상업이 어때서요? 양반들은 왜 그렇게 상업을 천하게 여기는 거죠?"

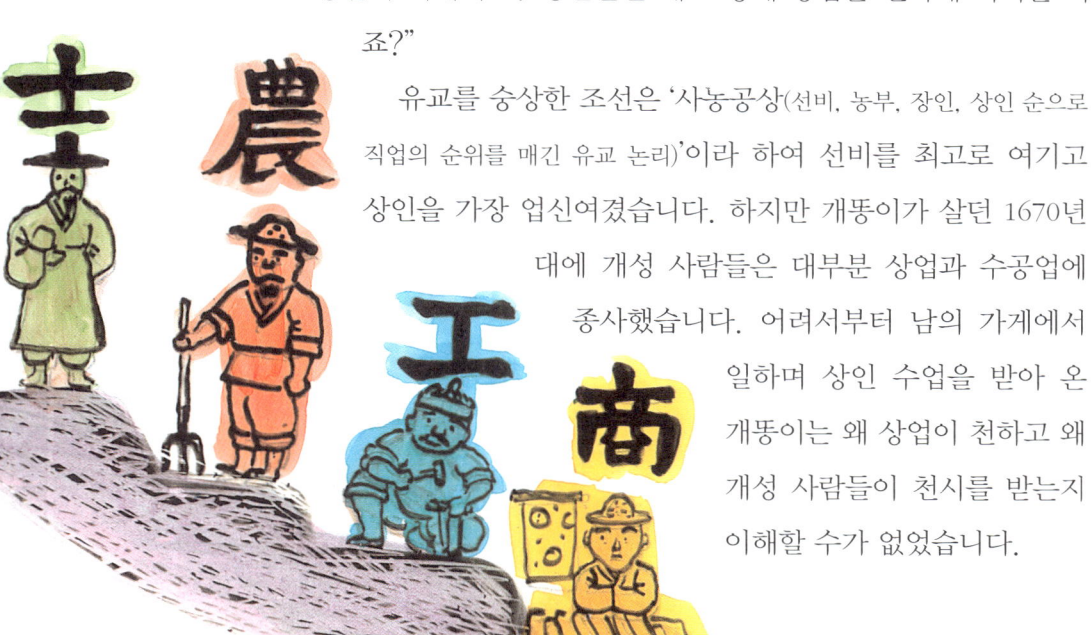

　유교를 숭상한 조선은 '사농공상(선비, 농부, 장인, 상인 순으로 직업의 순위를 매긴 유교 논리)'이라 하여 선비를 최고로 여기고 상인을 가장 업신여겼습니다. 하지만 개똥이가 살던 1670년대에 개성 사람들은 대부분 상업과 수공업에 종사했습니다. 어려서부터 남의 가게에서 일하며 상인 수업을 받아 온 개똥이는 왜 상업이 천하고 왜 개성 사람들이 천시를 받는지 이해할 수가 없었습니다.

뾰로통해져 있는 개똥이에게 주인은 비단 한 꾸러미를 내밀었습니다.

"허튼소리 말고 김 첨지 댁에 가서 이거 드리고 정중히 사죄하고 오너라."

"예? 제가 왜요?"

"왜긴 왜야! 듣자 하니 그 양반, 한양에 있을 때 재산깨나 모았다더라. 앞으로 우리 고객이 될지 모르는데 잘 마무리해야지."

개똥이는 꾸러미를 받지 않고 볼멘소리를 했습니다.

"이 비단, 차라리 절 주세요. 봉급도 안 주고 부려먹기만 하시면서……."

"니가 뭘 했다고 봉급을 줘? 얼른 안 다녀오면 점심도 없다!"

주인의 야멸친 말에 개똥이는 마지못해 꾸러미를 들고 나왔습니다. 한양 양반 댁에 가서 마음에도 없는 사과를 하면서 개똥이는 무척 화가 났습니다.

'그래, 한양에 가보자. 정말 대단한 곳인지 내 눈으로 한번 봐야겠어.'

그날 밤, 개똥이는 짐을 싸서 주인 몰래 집을 나섰습니다. 개똥이는 하루를 꼬박 걸어간 끝에 어느 마을의 객주에 다다랐습니다. 뜨끈한 국밥을 게 눈 감추듯 먹어치운 후 동전을 꺼내자, 주모가 고개를 절레절레 저었습니다.

"아니, 우린 이런 거 안 받소. 쌀이나 면포로 내시우."

상업이 발달한 개성에서는 이미 화폐를 쓰고 있었지만 시골에서는 아직 쌀이나 면포를 돈 대신 쓰고 있었습니다. 쌀이나 면포는 곧바로 쓸 수 있어 가치는 있지만 화폐와 달리 크고 무거워서 가지고 다니기가 힘들었습니다.

별수 없이 개똥이는 예비용으로 가져왔던 쌀을 대신 내고 다시 길을 나섰습니다. 그렇게 걷기를 사흘, 마침내 한양에 도착했습니다.

한양은 과연 도읍지답게 크고 번화했습니다. 끝도 없이 늘어선 기와집과 넓고 큰 거리, 많은 사람들, 온갖 물건을 파는 시장들……. 특히 개똥이는 종로에 넓게 펼쳐진 육의전(관청에서 많이 쓰던 여섯 가지 필수품을 팔던 상점) 거리를 보고 깜짝 놀랐습니다.

'과연 한양은 대단하구나. 하지만 우리 개성 사람도 질 수 없지.'

개똥이는 짐 꾸러미에서 초립을 몇 두름 꺼냈습니다. 초립은 가는 풀을 엮어 만든 갓의 일종으로, 개성 사람이라면 누구나 초립을 눈감고도 뚝딱 잘 만들었습니다. 개똥이는 육의전 길모퉁이에 앉아 초립을 팔기 시작했습니다.

그런데 잠시 후, 험상궂게 생긴 사람들이 몰려와 앞을 가로막더니 다짜고짜 개똥이의 초립과 짐 꾸러미를 빼앗았습니다.

"우린 육의전 상인들이다. 여기선 우리가 허락한 물건만 팔 수 있다. 네놈이 우리 허가 없이 장사를 함부로 했으니 이 물건들을 압수하겠다!"

17세기 조선에서 시전 상인들은 조정에 일정액의 세금을 내고 시장을 독점할 수 있는 특별한 권리를 가지고 있었습니다. '금난전권'이라 불리는 이 특권을 거스르면, 시전 상인들은 군졸을 동원해 다른 상인을 내쫓고 허가 없이 들어선 점포의 물건들을 죄다 몰수할 수도 있었습니다.

"안 돼! 그건 내 전 재산이야! 돌려주시오!"

'저걸 다 잃으면 굶어죽고 고향에도 못 갈 텐데!' 생각하며 개똥이는 애타게 매달렸지만 돌려받기는커녕 심한 뭇매질만 당했습니다. 개똥이는 흠씬 두들겨 맞다가 그만 정신을 잃고 말았습니다.

개똥이가 눈을 떴을 때, 어찌된 영문인지 눈앞에 주인이 있었습니다. 주인은 주름이 깊게 팬 손으로 말없이 개똥이의 등을 쓰다듬었습니다. 그 따뜻한 손길에 개똥이는 그만 엉엉 울고 말았습니다.

비싼 대가를 치르고 얻은 교훈

"내가 왜 그동안 네게 궂은일만 시켰는지 아느냐?"

고향으로 돌아간 날, 주인이 물었습니다. 개똥이는 고개를 저었습니다.

"쉽게 번 돈은 쉽게 나간다는 걸 가르치고 싶어서 였다. 우리 개성 사람들은 힘들게 그 교훈을 배웠지."

주인은 곰방대 끝에 불을 붙이고는 천천히 말했습니다.

"수백 년 전, 우리 개성은 고려 왕조의 도읍지로 크게 번성했단다. 예성강가에 있던 무역항 벽란도에서는 각 나라의 무역선들이 드나들며 세계 각지의 물건들을 사고팔았지. 그 중심에는 언제나 우리 개성상인들이 있었단다."

고려 시대에는 왕실에서 상업을 장려하여 외국과의 무역이 크게 발달했습니다. 특히 송나라와 적극 교류해 은·인삼·도자기·종이·나전칠기 등을 수출하고, 비단·약재·차·서적·악기와 선진 문물을 수입했습니다. 또한 북쪽의 여진족·거란족과 남쪽의 왜와 연결해 삼각무역을 벌이고, 크고 튼튼한 상선을 만들어 멀리 동남아시아까지 오가며 무역을 했습니다. 우리 물건이 어찌나 좋은지 소문을 듣고 멀리 아라비아에서도 상인들이 찾아왔습니다. 이들을 통해 고려의 이름이 알려져 오늘날 우리나라는 '코리아(Korea)'로 불리게 되었지요. 우아한 고려청자나 화려한 고려 불화, 장대한 팔만대장경 같은 문화유산이 탄생한 것도 이런 활발한 대외 무역 덕분입니다.

"그러나 불행히도 그 번영은 오래가지 못했단다."

"왜요?"

"한양의 시전 상인들이 널 때리고 억울하게 물건까지 빼앗았지? 옛날에 우리도 그와 똑같은 짓을 했기 때문이란다."

그 말에 개똥이는 깜짝 놀랐습니다.

눈부신 문화가 꽃피웠던 고려 시대. 그러나 그 번영은 백성들의 피와 땀과 눈물로 이루어진 것이었습니다. 고려 말 왕실과 사원 등 지배층이 극도로 부패한 바람에 백성들은 늘 온갖 명목의 세금을 뜯기고 굶주리기 일쑤였습니다. 고려의 개성상인들은 부패한 지배층에 빌붙어 손쉽게 시장을 독점하고 백성들에게 비싼 값에 물건을 팔았습니다. 또 백성들의 피땀 어린 공납물을 팔아 귀족의 사치품을 주로 수입했으며, 그렇게 번 돈을 비싼 이자를 받고 빌려 주는 방식으로 다시 백성을 수탈했습니다. 그 결과, 곳곳에서 백성들의 봉기가 일어나 고려가 멸망하고 만 것입니다.

"조선 건국 후, 개성은 지방 도시로 전락했고 개성 출신 사람은 양반이라 해도 차별을 받아 관직에 오르지 못했지. 우리는 비싼 대가를 치르고 교훈을 얻었지. 그건 바로 상인에게는 근면, 신용, 그리고 인의가 있어야 한다는 것이란다."

개똥이는 주인의 말을 가슴 깊이 새겼습니다.

"남들이 뭐라 해도 우리는 고려 왕조의 후예, 개성상인이다. 자부심은 스스로 지키는 것. 우리의 자부심은 상업이다. 너도 다시 시작하는 마음으로 열심히 노력하거라."

전국의 장시를 돌며 행상을 하다

개똥이는 그날부터 새사람이 되었습니다. 다시 포목점의 말단 사환으로 돌아가, 낮에는 열심히 일하고 밤에는 졸린 눈을 비벼 가며 사개치부법을 공부했습니다.

사개치부법은 장사할 때 들어오고 나가는 상품과 돈의 내역을 네 분야의 장부로 정리하고, 나중에 맞춰서 딱 맞아떨어지도록 확인하는 회계 방식입니다. 이 방식은 이탈리아 베네치아 상인들의 복식 부기보다 무려 200년이나 앞선 개성상인들의 독창적인 방법이지요.

원래 개성 사람들은 학식이 높았는데, 조선조에 들어와서 관직에 나가지 못한 지식인들이 상업에 합류하면서 상업의 수준을 한층 높이 끌어올렸습니다.

개똥이는 열심히 공부한 끝에 단 2년 만에 장부를 정리하는 '서사'가 되었고, 다시 얼마 지나지 않아 중간 지배인급인 '수사환'으로 승진했습니다. 주인은 개똥이에게 좋은 물건을 고르는 법, 물건을 잘 관리하는 법, 손님을 대하는 법 등을 꼼꼼하게 가르쳤습니다. 개똥이는 열과 성을 다해 배웠고, 몇 년 후에는 가장 중요한 일을 도맡는 최고 직급인 '차인'으로 인정받았습니다.

차인이 된 날, 주인은 이제 어엿한 청년이 된 개똥을 앉혀 놓고 앞으로의 계획을 물었습니다.

"차인에겐 두 가지 길이 있다. 하나는 주인이 대주는 물건과 자본으로 독립적인 장사를 하며 주인에게 다달이 이자를 갚는 것이고, 다른 하나는 주인 밑에서 주인의 장사를 대신 맡아 관리하며 이익을 반씩 나누는 것이다. 어떤 길을 택하겠느냐?"

"전국을 돌며 견문을 넓히고 어르신을 돕고 싶습니다."

그 말을 듣고 주인은 흐뭇한 미소를 지었습니다.

이리하여 개똥은 6년 만에 다시 개성 밖으로 나오게 되었습니다. 예전에 들렀던 객주에 다시 들러 국밥을 먹고 쌀을 꺼내자, 주모는 고개를 절레절레 저었습니다.

"아니, 쌀은 이제 안 받소. 돈으로 내슈."

1678년 상평통보가 발행되어 드디어 화폐가 전국에 상용화된 것입니다. 상평통보는 전국으로 빠르게 퍼져 조선 중기 상업이 발달하는 데 불을 지폈습니다.

개똥은 전국의 장시를 돌며 행상을 했습니다. 때로는 큰 도시의 객주에서, 때로는 들에서 노숙하며 전국

각지의 풍물과 기후, 특산물들을 파악했다가, 특산지에서 싸게 산 물건을 부족한 곳에 가져가 이익을 붙여 팔았습니다.

개똥은 개성에 있는 주인과 연락하며 그때그때 필요한 물건이나 자금을 주고받았습니다. 개성상인들은 전국의 중요한 상업 중심지마다 지점 사무실격인 송방을 두고 정보를 교환하고 은행처럼 자금을 보관하거나 빌려 주었습니다. 멀리서 큰돈을 주고받기가 힘들었기 때문에 돈의 지급을 약속하는 증표인 어음·환 제도가 발달했습니다. 송방에는 개성상인뿐 아니라 전국의 상인들이 오갔고, 그들을 통해 알짜 정보들도 몰려들었습니다.

"전남 강진에서는 양태(갓의 챙에 해당하는 부분)가 매우 싸다오. 양태의 특산지인 제주도와 가까우니까."

전라도에 다녀온 상인의 말을 듣던 개똥의 눈이 반짝였습니다.

"그거 우리가 전부 사서 전국에 되팔면 돈 좀 되겠는데요?"
매점매석이라고 부르는 이 방법은 비교적 흔한 판매법이었습니다. 물건을 전부 사들이면 되팔 때에는 경쟁자가 없어 마음대로 값을 매겨 팔 수 있었으니까요. 개성상인들은 생산지에서 물건을 독점적으로 사들여 송방에 보관했다가 다른 곳에 내다팔아 큰 이득을 보았습니다. 정보 수집력과 빠른 판단력, 부지런한 행동력은 개성상인

들의 특기이자 무기였습니다.

　개성상인은 한양의 시전 상인들에게도 물건을 대주었는데, 그 중
엔 옛날에 개똥이를 때리고 쫓아냈던 육의전 상인도 있었습니다. 개
똥이는 시침 뚝 떼고 그 상인에게는 몇 곱절 더 비싸게 팔았답니다.

인삼과 인연을 맺다

어느 날, 전라도 화순에 간 개똥은 깜짝 놀랐습니다. 어느 집에서 밭
에다 인삼을 키우고 있는 것이었습니다. 그때까지만 해도 인삼은 깊
은 산에서 자라는 산삼뿐이었거든요.

　"아니, 귀한 삼을 밭에서 직접 키우십니까?"

　"십 몇 년 전인가, 이 부근의 어떤 여자가 산신령님의 계시를 받
아 인삼 씨앗을 받았다는구만유. 그 후로 이 지역에선 인삼을
요로코롬 밭에다 키우고 있지유."

밭주인의 설명을 듣고 개똥은 무릎을 쳤습니다. 정말 산신령이 줬는지는 몰라도, 인삼을 직접 재배한다는 것은 아주 획기적인 일이었으니까요. 인삼은 당시 조선에서 나던 작물 중에서 가장 값진 것으로, 국내는 물론 외국에 팔면 최고 100배까지도 이익을 남길 수 있었습니다.

개똥은 하던 일을 그만두고 인삼 씨앗을 사서 개성으로 돌아왔습니다. 그리고 결혼해서 아내와 함께 개성 인근에 밭을 일구고 인삼 씨앗을 뿌렸습니다. 밭 한가득 주렁주렁 황금 덩이 같은 인삼이 열리길 기대하면서요.

하지만 1년이 지나고 2년이 지나고, 몇 년이 지나도록 삼은 잘 맺히지 않았습니다. 씨앗을 팔았던 사람도 인삼 재배는 몹시 까다로우니 인내가 필요하다고 했지만, 개똥은 점점 초조해졌습니다. 인삼은 비가 오나 눈이 오나 6년 가량 정성을 다해 키워야 수확할 수 있고, 그 전후로도 2년 넘게 밭을 쉬게 해야 했으므로 돈이 많이 들었습니다. 개똥은 인삼 재배에 전 재산을 쏟아 붓고 열과 성을 다했지만, 5년째 되던 해에 홍수가 나는 바람에 그만 인삼이 모두 썩고 말았습니다.

"망했다. 난 이제 끝났어!"

빈털터리가 된 개똥은 크게 좌절했습니다. 평생 모은 전 재산이 날아가고 남은 것이라고는 그동안 끌어다 쓴 빚과 썩은 인삼, 그리고 굶주리는 처자식뿐이었습니다.

절망의 구렁텅이에 빠져 있던 개똥에게 구원의 밧줄을 내려 준 사람은 옛 주인이었습니다.

"괜찮다. 내가 돈을 빌려 줄 테니 다시 시작해 보거라."

주인의 따뜻한 말에 개똥은 굵은 눈물을 뚝뚝 흘렸습니다. 다시

주인의 차인이 된 개똥은 예전보다 더 열심히 일했습니다. 그런 그를 하늘이 도왔는지 숙종 34년(1708)에 대동법이 전국으로 확대되자, 그 성실함을 인정받아 '공인'으로 발탁되었습니다.

당시에는 그 지역의 토산품을 임금님께 바치도록 하는 '공납'이라는 세금이 있었는데, 징수나 보관 면에서 많은 단점이 있었습니다. 이 공납세를 쌀로 통일해 거둬들이는 대동법이 시행되자 백성들도 나라도 훨씬 편해졌습니다. 세금을 쌀로 받는다고 해도 토산품은 여전히 필요했으므로, 조정에서는 개똥이 같은 전문 상인들을 공인으로 뽑아 전국에서 토산품을 구해 오도록 했습니다.

"상인 최개똥을 공인으로 임명하노니, 나라에서 필요한 물품을 언제 어디서건 성실히 구해 올 것이다. 우선 조정에서 필요한 종이와 묵을 충청도 지역에서 사오너라."

"예, 그런데 제가 지금 돈이 모자랍니다. 미리 대금을 주실 수는 없는지요?"

공인들은 국가라는 안정적인 거래처를 상대로 물건 값을 먼저 받는 특혜를 누렸으므로 상당한 자본을 모을 수 있었습니다. 개똥이도 공인으로서의 책임감을 갖고 나라에서 찾는 물품들을 전국각지에서 열심히 구해 날랐습니다. 그 결과 몇 년이 지나자, 인삼 재배 때의 빚을 갚고도 남을 만큼의 돈을 모았습니다.

'이제 여유가 생겼으니 재투자를 해야 하는데……. 아무리 봐도 역시 인삼이 최고란 말야.'

당시 개성에서는 인삼 재배에 성공하는 농가가 하나 둘 늘어나고 있었습니다. 인삼 재배는 한번 성공하면 엄청난 돈을 벌었지만, 실패하면 개똥이처럼 폭삭 망할 수도 있었습니다.

'꼭 내가 길러야 한다는 법은 없지. 대신 인삼 재배 농가에 내 돈을 투자해 보자.'

　개똥은 실력 있는 인삼 농가를 물색해 자금을 대주고, 인삼을 수확하면 전부 사들일 수 있는 권리를 얻었습니다. 자금난에 허덕이던 인삼 농가는 투자에 힘입어 계속 재배할 수 있었고, 몇 년 후 약속대로 개똥에게 잘 여문 인삼을 한 아름 안겨 주었습니다. 개똥은 수확한 인삼들을 비싼 값에 팔고 그 돈으로 다시 인삼 농가에 투자했습니다. 다른 개성상인들도 그를 따라하자 인삼 재배 농가가 급증해, 18세기 중반 개성은 인삼의 명산지가 되었습니다.

　"요즘은 함경도에 구리 광산이 개발되고 있다며?"

　"그뿐인가? 거긴 은광이나 금광 개발도 아주 활발하다네. 그쪽에도 투자해 보세."

　경제 발달로 동전이나 놋그릇 사용이 늘면서 구리 광산 붐이 일자 개성상인들은 구리 광산 개발에 투자했고, 종이 수요가 늘자 한지 수공업에도 투자했습니다. 미리 대금을 주고 나중에 물건을 공급받는 '선대제'라는 이 방식은, 봉건 국가였던 조선에서도 조금씩 자본주의의 싹을 틔우게 했습니다.

　"국내는 이제 좁아. 해외로 뛰자!"

　자본이 쌓여 가자, 개똥은 다른 상인들처럼 국제 무역에도 뛰어들었습니다. 잘만 하면 국내에서 몇 년 행상하는 것보다 청나라에 한 번 갔다 오면 더 큰 이득을 볼 수 있었으니까요. 개성상인들은 잘 키운 인삼들을 청나라에 비싸게 팔아 엄청난 이득을 보았습니다.

어느 날, 멀리 부산에서 동래상인들이 그를 찾아왔습니다. 왜관을 오가는 일본인들도 개성의 인삼을 구하려고 아우성이니 상인들끼리 협력해 보자는 것이었지요. 개성상인은 동래상인들과 힘을 합쳐 일본인들에게 인삼을 팔고 그 대가로 막대한 양의 은을 받았습니다. 그리고 그 은으로 청나라에 가서 물건들을 사와서 다시 일본인들에게 되팔았습니다.

그런데 매번 청나라까지 오가기가 힘들자, 개성상인들은 이번엔 북쪽 의주상인들과 협력해 남북으로 사업망을 넓혔습니다. 의주상인들이 청나라에서 비단·도자기·신진 학문 서적을 비롯해 약재·바늘·모자·말총·가마테 등을 수입해 오면, 개성상인들은 전국의 송방을 중심으로 이 물건들을 팔았지요. 이 물건들은 실생활에 유용한 것들이라 양반은 물론 일반 백성들의 생활에도 많은 도움이 되었답니다.

우리 역사의 국가 대표급 상인

그 후 최개똥의 자손들은 혹은 망하고 혹은 성공하며 20세기 중반까지 개성상인의 맥을 이어 갔습니다. 이 평범한 사람들의 이야기는 역사에 기록되진 않았지만, 이들은 조선 후기 역사의 발전을 굴리는 한 축으로 당당히 활약했습니다. 개성상인의 활약으로 18세기에는 금난전권이 폐지되어 일반 상인들도 자유롭게 상업 활동을 할 수 있게 되었습니다. 또 많은 부를 쌓은 거상들이 탄생하면서 조선은 봉건제에서 벗어나 근대적 자본주의로 나아갈 희망을 갖게 됩니다.

하지만 19세기에 이르러 시대의 변화를 내다보지 못한 조선의 지도층이 나라의 문을 걸어 잠그고 무역은 물론 활발히 발전하던 상업을 억압하면서, 조선은 결국 근대화로 나아가지 못하고 일본의 식민지로 전락하는 뼈아픈 대가를 치르게 됩니다.

그런데 이때에도 가장 마지막까지 외국의 상업 자본과 경쟁하며 민족 자본을 지켜 낸 이들이 바로 개성상인이었습니다. 이들은 끝까지 국산품을 고집하며 독자적인 인삼 브랜드를 만들어 일본의 경제 침략에 굳건히 맞섰습니다. 개성상인들은 우리 역사의 국가 대표급 상인이라 부르기 충분하답니다.

개성, 벽란도에서
개성공단까지

대대로 해상 무역을 해온 집안 출신인 고려의 태조 왕건은 개성을 도읍지로 정하고 많은 시전(가게)을 만들어 상업과 무역을 적극 장려했습니다.

개성 근처의 무역항 벽란도는 늘 외국 상선들로 북적거려서, 고려 때 이규보는 그 광경을 보고 "배들의 머리와 꼬리가 끝없이 이어져 있네. 저 배들은 아침에 예성강을 지나면 하루도 못 되어 남방국으로 간다네"라고 묘사했습니다.

그러나 새로 건국한 조선이 도읍지를 한양으로 옮기자, 개성의 지위는 뚝 떨어졌습니다. 조선의 태조 이성계는 개성의 발달된 시장과 많은 상인들을 그대로 한양에 옮기려 했지만, 자부심 강한 개성 사람들은 이를 단호히 거절했습니다.

그러자 조선 왕조는 개성의 시전을 없애고 무역을 억압하는 것은 물론, 개성 출신이라면 아무리 뛰어나도 관직에 등용하지 않았습니다.

이렇게 되자, 개성 사람들은 평민에서 양반까지 모두 상업에 뛰어

고려 중요 교역품 중 하나인 거울.
항해하는 배의 모습이 새겨져 있다.

들어 각고의 노력 끝에 개성을 다시 상업 도시로 일으켰습니다. 중국과 한양 사이에 위치한 개성의 이점을 살려서 중국을 오가는 사신들을 접대하거나 조공품을 공급하는 한편, 인삼과 유기, 포목 산업을 발전시켜 독자적인 경제 기반을 일군 것이지요. 일제가 조선의 국권을 빼앗은 뒤에도 개성상인들은 한동안 일본 상인들과 동등하게 경쟁했습니다.

이제 개성에는 남북한이 협력한 경제 기지 '개성 공단'이 세워져 새로운 바람을 일으키고 있습니다. 개성은 예나 지금이나, 그리고 앞으로도 영원히 우리나라의 상업 도시로서 그 역할을 톡톡히 해낼 것입니다.

◎ **김만덕** (1739~1812)

제주도의 기녀 출신 상인. 상인의 딸로 태어났으나 집안이 몰락해 기녀가 되었다. 그 후 신분을 회복해 객주를 열어 큰 부자가 되었다. 정조 18년에 갑작스런 태풍으로 제주도에 흉년이 들자 자신의 사재를 털어 빈민 구휼에 앞장서서 크게 치하받았다. 한양 구경도 하고 금강산도 유람하는 등 당시 여성으로서는 드물게 독립적이고 진취적인 삶을 살았다.

◎ **우리 가게와 시장의 역사**

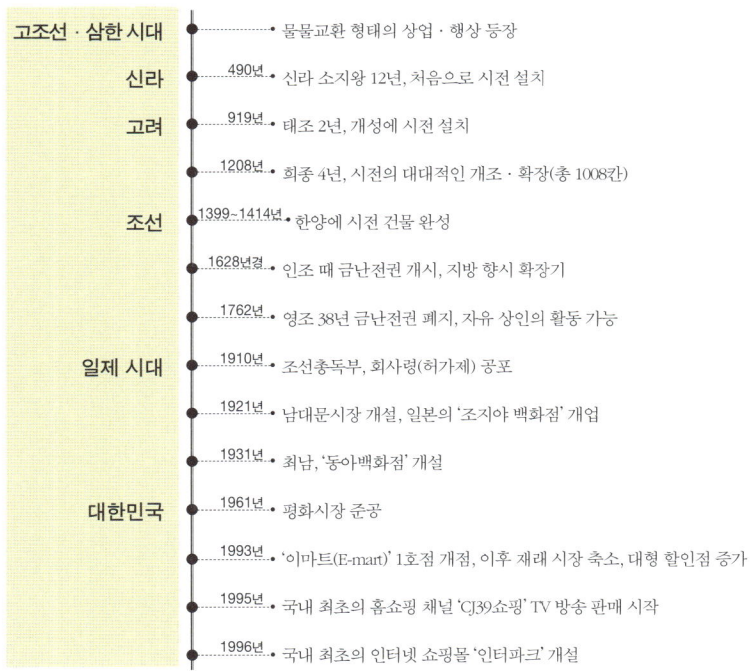

시대	연도	내용
고조선 · 삼한 시대		물물교환 형태의 상업 · 행상 등장
신라	490년	신라 소지왕 12년, 처음으로 시전 설치
고려	919년	태조 2년, 개성에 시전 설치
	1208년	희종 4년, 시전의 대대적인 개조 · 확장(총 1008칸)
조선	1399~1414년	한양에 시전 건물 완성
	1628년경	인조 때 금난전권 개시, 지방 향시 확장기
	1762년	영조 38년 금난전권 폐지, 자유 상인의 활동 가능
일제 시대	1910년	조선총독부, 회사령(허가제) 공포
	1921년	남대문시장 개설, 일본의 '조지야 백화점' 개업
	1931년	최남, '동아백화점' 개설
대한민국	1961년	평화시장 준공
	1993년	'이마트(E-mart)' 1호점 개점, 이후 재래 시장 축소, 대형 할인점 증가
	1995년	국내 최초의 홈쇼핑 채널 'CJ39쇼핑' TV 방송 판매 시작
	1996년	국내 최초의 인터넷 쇼핑몰 '인터파크' 개설

나눠주고 더 큰 부자가 된 여상

김만덕

김만덕

나눠주고 더 큰 부자가 된 여상

천애고아가 된 만덕이

"만덕아, 큰일났다. 니 아버지가 탄 배가 그만……!"

옆집 아주머니가 외치는 소리에 밭에서 김을 매던 만덕은 깜짝 놀랐습니다. 만덕이의 아버지는 제주도와 전라도를 오가며 제주의 특산물을 팔고, 육지의 쌀을 사와서 제주에 되파는 상인이었습니다. 풍족하진 않아도 단란하게 살고 있었는데, 거친 풍랑이 만덕의 아버지와 배를 삼켜 버린 것입니다. 그 충격으로 몸져누운 만덕의 어머니는 1년도 채 안 되어 돌아가셨습니다. 그때 만덕의 나이 열 살이었습니다.

만덕이 살았던 18세기 중반만 해도 제주도는 사람이 살기에는 조금 힘든 곳이었습니다. 지금은 아름다운 관광지로 유명하지만, 그 옛날에는 물·바람·가뭄이 많은 '삼재(三災 : 세 가지 재해)의 섬'이라 불

김만덕

121

렸습니다. 경사가 심해서 비만 오면 거센 급류가 밭이며 집을 모두 휩쓸었고, 화산섬이라 구멍이 숭숭 뚫린 현무암 땅속으로 빗물이 다 빠져 버려 식수가 모자랐으며, 수시로 태풍이 오고 바람이 심하게 불었기 때문이지요. 그로 인해 제주도는 식량이 늘 부족해 육지에서 곡식을 사와야 했어요. 그러다 만덕이 아버지처럼 큰일을 당할 수도 있었지요.

천애고아가 된 만덕은 은퇴한 늙은 기생 월중선의 밑으로 가게 되었습니다.

"네가 만덕이냐? 살결이 곱고 예쁘니 크면 꽤 쓸 만하겠구나."

'해어화(解語花)', 즉 말을 알아듣는 꽃이라 불렸던 기생은 지금의 가수·댄서·악기 연주자를 합친 예능인이면서도 한편으로는 병자를 간호하거나 연회에서 손님을 흥겹게 하는 등 여러 가지 일을 해야 했습니다. 때문에 전국의 관아에서는 반드시 기녀들을 몇 명씩 두고 멀리서 온 관리나 외국 사신들의 시중을 들게 하고 연회 때 흥을 돋우게 했습니다. 하지만 그 신분은 관아의 재산이나 다름없는 노비이자 천민으로, 젊어서 한때 재능과 미모를 팔아도 나이 들면 시들어 버려지는 꽃 같은 존재였지요.

만덕이는 처음에 기생이 뭔지도 모르고 들어갔다가 나중에 알고는 큰 충격을 받았습니다. 늘 고개를 수그리고 다니는 단덕에게, 하루는 월중선이 그 이유를 물었습니다.

"동네 아이들이 기생집 아이라며 돌을 던지고 놀립니다."

월중선은 그런 만덕이를 찬찬히 보면서 담뱃대에 불을 붙였습니다.

"네 처지는 딱하지만 어차피 너도 크면 기생이 될 몸, 팔자라 생각하고 받아들여라."

"싫습니다. 저는 양민의 딸입니다. 기생 따위는 되고 싶지 않습니다!"

"넌 이미 관아의 기적(기생 명단)에 이름이 올라갔다. 한번 이름을 올리면 다시는

빠져나갈 수 없다. 그
러니 내일부터 당장 기
녀 수업을 받거라."
　월중선의 야멸찬 말
을 듣고 만덕은 밤새 울
다가 도망쳐 나왔습니다.
하지만 아무리 뛰어 봤자
제주도는 바다 위의 섬. 결국
관아의 포졸들에게 붙잡혀 돌아
와야 했습니다. 월중선은 틈만 나면
도망치려는 만덕을 붙잡아 기녀 수업을
시켰습니다. 매일같이 노래와 춤, 악기 연주법
을 가르치고 문자와 예절 교육을 시켰지요.
　세월이 흘러 어느덧 만덕의 나이 열여덟 살
이 되었습니다.

말을 알아듣는 꽃

　"만덕아, 그 입술 연지 색깔 참
곱다. 나도 하나 사다 주련?"
　"만덕아, 너 바느질 참 잘하더
라. 내 옷도 좀 고쳐 줄래?"
　만덕은 신이 나서 친구들의 부

름에 뛰어다녔습니다. 만덕은 예쁘기도 했지만 머리가 좋고 재주도 있어 능숙한 바느질로 기녀 친구들의 옷을 고쳐 주거나 예쁜 자수를 놓아 주는가 하면, 물건을 볼 줄 알아서 장신구의 진품을 가려 주거나 물건을 대신 구해다 줬습니다.

연회 자리에서 관리들의 이야기를 듣다 보면 육지에서 어떤 물건이 인기 있는지, 그것이 제주에는 언제 들어오는지를 알 수 있었습니다. 만덕은 그 정보에 따라 그때그때 신제품을 구해서 약간의 이문을 남기고 주변 사람들에게 되팔았습니다. 많은 돈은 아니었지만 그렇게 자신의 재주로 한푼 두푼 모으는 재미가 꽤 쏠쏠했습니다. 만덕에게 이런 방법을 가르쳐 준 사람은 바로 월중선이었습니다.

"기녀란 나이를 먹으면 오갈 데 없는 신세가 된단다. 여자도, 아니 여자니까 더 돈을 모아야 해. 돈이란 세찬 격류 같은 세상을 잘 건널 수 있게 도와주는 징검돌 같은 거란다."

월중선은 현명하고 자기관리를 할 줄 아는 사람이었습니다. 원망스러울 때도 있었지만, 만덕은 월중선에게 많은 것을 배웠습니다. 거기에 만덕은 근검절약이라는 생활 습관을 더했습니다. 상인의 딸로 태어나 재물의 소중함을 아는 데다 월중선에게 물건을 소중히 다루는 법을 배운 덕분입니다. 안 쓰고 안 입으며 돈을 모으는 만덕을 보고 친구들은 무슨 재미로 사냐며 비웃었습니다.

어느 날 월중선도 물었습니다.

"그렇게 돈을 모아서 어디에 쓰려고 하느냐?"

만덕은 말문이 막혔습니다. 돈을 모으는 이유에 대해서 깊이 생각해 본 적 없이 습관처럼 모았으니까요. 월중선은 차분히 말했습니다.

"내가 너에게 돈이란 징검돌이라 했지만, 꽃다운 나이에 세상천지가 온통 돌밭이어서야 어디에쓰겠느냐. 무엇을 위해, 왜 모으는지를 잘 생각해 보거라. 세상에는 돈보다 소중한 것이 얼마든지 있단다. 사람은 돈과 사는 것이 아니라, 사람과 같이 사는 거란다."

하지만 만덕은 그 말을 잘 이해할 수 없었습니다. 의지할 가족도 없는 자기에게 믿을 것이라고는 오직 돈밖에 없다고 생각했습니다.

만덕이 스무 살이 된 어느 봄날, 한양에서 순무어사가 내려왔습니다. 순무어사는 지방에서 변란이나 재해가 일어났을 때 난을 진정시키고 백성을 위로하기 위해 조정에서 특별히 내려보내는 특사입니다. 그 해 제주에는 봄 가뭄이 무척 심했습니다.

"이번에 오신 어사님은 정말 잘생기고 늠름하셔. 내가 그분을 모시는 기녀가 되었으면!"

친구들이 간절히 바랐지만, 어째서인지 생각지도 않던 만덕이가 순무어사의 전속 기녀로 결정되었습니다. 하지만 만덕은 전혀 기쁘지 않았습니다. 전속 기녀가 되면 어사가 머무는 몇 달 동안 식사·빨래·바느질 등 모든 것을 뒷바라지해야 하므로, 당연히 다른 일을 할 틈이 없을 테니까요. 아니나 다를까, 혈기왕성한 젊은 어사는 제주도 곳곳을 다니며 우물이며 수리 시설을 복구하느라 바빠서 어사를 쫓아다니며 뒷바라지하는 만덕도 덩달아 바빠졌습니다.

그러던 어느 날, 어사가 갑자기 한라산에 갈 채비를 하라고 했습니다. 장부의 날랜 걸음을 쫓아 높은 산을 오르려니 숨이 턱까지 찼지만, 마침내 꼭대기인 백록담에 다다르자 만덕은 벅찬 감동에 휩싸였습니다. 웅대하고도 깊은 수면이 파란 하늘을 고스란히 담고 있었

습니다.

"절경이로다. 금강산과는 또 다른 풍취가 있구나."

"금강산이란 어떤 곳입니까?"

"일만 이천 개의 기기묘묘한 바위 봉우리가 하늘을 찌르고 수려한 꽃나무들이 어우러져 신선들이 사는 곳 같지. 사계절 모두 아름답지만 가을 단풍이 들 무렵이 특히 절경이지."

제주에서 나고 자라 바깥 구경을 한 번도 해본 적이 없는 만덕은 좀처럼 그 광경을 상상할 수 없었습니다. 어사는 산에서 내려오자, 금강산의 풍경을 그려 만덕에게 주었습니다.

그 후로도 어사는 가끔씩 다른 지역 이야기며 한양에서 임금님을 만난 이야기를 해주었습니다. 만덕은 꿈속에서 그림 속의 금강산을 걷고 있었고, 그 옆에는 어사가 있었습니다.

몇 달 후, 마침내 어사가 제주도를 떠날 때가 왔습니다.

"너는 여자지만 사내 못지않은 굳은 기개와 재주가 있어 언젠가 크게 될 것이다. 건강히 잘 있거라."

어사가 떠난 날부터 만덕은 마음의 병에 걸렸습니다. 밤마다 금강산 꿈을 꿨지만, 깨어나면 그뿐이었습니다. 만덕이 갈 수 없는 바다 너머를 하염없이 바라보는 동안, 월중선은 그만 중한 병에 걸렸습니다. 뒤늦게 정신을 차린 만덕이 열심히 간호했지만 월중선의 상태는 점점 나빠졌습니다.

"그저 널 혼자 두고 가는 게 걱정이다. 만덕아, 너는 꼭…… 양민이 되거라. 그래서……시집도……가서……."

그 말을 끝으로 월중선은 숨을 거두고 말았습니다.

월중선의 장례를 치르던 날, 만덕은 가슴속에 고여 있던 눈물을

쏟아냈습니다. 월중선은 죽기 전 마지막으로 관아에 가서, 만덕을 관기에서 빼줄 것을 간곡히 청했습니다. 이런 관례가 없었기에 제주목사는 망설였지만, 월중선의 마지막 간청과 본시 양민이었던 만덕의 사연을 참작해 만덕을 기녀의 신분에서 해방시켜 주었습니다.

사업가로서의 기반을 다지다

만덕은 다시 혼자가 되었습니다. 소중한 사람들은 다 떠나갔지만, 자신은 아직 살아 있었습니다. 양민이 된 만덕은 어사가 떠나간 포구 근처에 객주를 차렸습니다.

　객주란 조선 시대에 상인들의 물품을 보관해 주거나 상인들에게 숙박을 제공하고 때로는 자금을 빌려 주는 등 다양한 역할을 하던 곳입니다. 객주에는 많은 상인들이 오갔기 때문에 객주 주인은 자연히 전국 방방곡곡의 상황을 잘 알 수 있어 여러 방법으로 이익을 거둘 수 있었습니다.

　제주도에는 수시로 자연재해가 닥쳐왔기 때문에 물건 값이 들쭉날쭉했습니다. 갑자기 태풍이 닥쳐 귤 농사를 망친 해에는 귤 값이 비싸졌고, 건초가 잘 자라지 못한 해에는 건초를 먹는 말들이 허약해져서 말 값이 싸졌습니다. 귤과 말은 제주도의 중요한 특산품이었으므로 이들의 상태에 따라 제주도 전체의 경제가 좌우되었지요. 만덕은 풍년이 든 해에는 귤을 많이 사들였다가 태풍이 오거나 농사가 잘되지 않았을 때 값을 올려 팔았습니다.

　또한 제주도의 특산물인 미역·전복 같은 해산물과 목축물, 그리고 양태도 육지에 내다팔았습니다. 양태란 갓의 챙에 해당하는 둥글고 넓적한 부분으로, 제주도에는 대나무 밭이 많아 양태를 많이 만들 수 있었습니다. 갓은 선비에게 없어서는 안 될 물건이었으므로 수요가 많았는데, 양태는 수공업품이라 언제나 만들 수 있어 제주 사람들의 주요 수입원이 되었습니다.

사업은 잘 되었지만 만덕은 늘 아쉬운 점이 있었습니다.

'우리 제주 사람들도 자유롭게 육지를 오갈 수 있다면 더 큰 이득을 남길 텐데!'

제주도는 자연재해 말고도 왜구의 침입이 잦아 편안히 살기 힘든 데다 조정에서 특산품을 늘 지나치게 많이 요구했기 때문에, 견디다 못한 양민들이 섬에서 도망치는 일이 많았습니다.

그러자 조정에서는 세금 부담을 줄여 주는 대신, 제주도민은 섬 밖으로 나가지 못하게 하는 법을 만들었습니다. 특히 아이를 낳아 인구를 늘리는 여자는 더더욱 나갈 수가 없었습니다.

육지 상인 중에는 이 점을 악용해 만덕을 골탕 먹이는 자들도 있었습니다. 그들은 만덕이 여자라는 것과 예전에 기녀였다는 것을 알고는 만덕을 깔보고 희롱하려 했습니다. 여성에 대한 차별이 심했던

당시에 제주도 같은 먼 변방에서 여자 혼자 힘으로 객지 상인들을 상대하기란 정말 쉽지 않았습니다.

만덕은 그때마다 지지 않고 당당히 맞섰을 뿐 아니라 주위에도 적극 도움을 청했습니다. 제주목사는 군졸을 보내 만덕의 객주를 지키게 하고 불합리한 일들을 조정에 알렸습니다. 1776년에 즉위한 정조 때부터는 제주도의 상인들도 섬 밖으로 나가 직접 장사할 수 있게 되었습니다. 만덕은 여자라는 이유로 여전히 섬 밖을 나갈 수 없었지만, 믿을 만한 고향 사람들과 힘을 합치자 사업이 더욱 번창했습니다.

나눔으로 더 큰 부자가 되다

세월이 흘러 어느덧 25년이 지났습니다. 만덕은 이제 객주보다 몇 배나 큰 물류센터인 여각을 꾸리며 큰 배도 몇 척이나 가진 부자가 되었습니다.

'나는 왜 열심히 돈을 모아 온 걸까?'

만덕은 그 옛날 월중선이 던진 질문에 아직 답을 찾지 못했습니다. 나이가 들자 돈이 전부가 아니란 것은 깨달았지만, 그렇다고 그보다 소중한 무언가를 찾은 것도 아니었습니다. 그런 생각을 하면 무척 쓸쓸해졌습니다.

한편, 제주에는 몇 년 전부터 계속된 흉년으로 조정에서 몇 차례 쌀을 보내 왔지만 굶어죽는 사람들이 갈수록 늘어나고 있었습니다. 게다가 지난해에는 수확을 앞두고 강력한 태풍까지 몰려와 모든 논과 밭을 쑥대밭으로 만들었습니다.

그리하여 1795년 봄에는 최악의 대기근이 덮쳐 제주 사람들의 30 퍼센트가 굶어죽는 끔찍한 일이 벌어졌습니다. 풀과 나무껍질로 연명하다가 탈이 나서 죽은 사람, 조정에 바칠 귀한 말을 잡아먹다가 처형된 이도 있었습니다. 조정에서는 쌀을 제주도로 보냈으나, 또다시 불어닥친 태풍으로 두 번째 수송 선박 중 무려 다섯 척이 침몰하면서 아까운 곡식이 바다 아래 가라앉고 말았습니다.

　"이제 보릿고개까지 올 텐데, 우린 이제 다 죽은 목숨이구나!"

　사람들은 땅을 치며 울었습니다. 그들과 같이 절망에 빠졌던 만덕의 머릿속에 순간 어떤 생각이 스치고 지나갔습니다.

　'그렇군요, 월중선 어르신.'

　그제야 깨달았습니다. 돈보다 소중한 것, 사람이 사람과 함께 산다는 것!

　만덕은 급히 튼튼한 배 몇 척을 구해 제주도에서 제일 노련한 뱃사공들을 불렀습니다. 그리고 자신의 전 재산을 그들에게 맡기며 말했습니다.

　"이 돈으로 육지에서 되도록 많은 쌀을 사오게. 물길이 험하지만 부디 온전히 다 싣고 와야 하네."

　뱃사공들은 만덕의 뜻을 깨닫고, 죽을힘을 다해 사나운 폭풍우가 몰아치는 바다를 헤치고 육지로 갔습니다. 그들이 백방에서 구해 온 쌀은 약 500가마니, 지금으로 따지면 무려 40톤에 가까운 어마어마한 양이었습니다. 당시 규모의 나룻배로, 그것도 궂은 날씨에 이만한 양을 옮긴다는 것은 대단히 힘든 일이었지만, 뱃사공들은 혼신의 힘을 다해 쌀을 무사히 가져왔습니다. 만덕은 이 가운데 10분의 1은 친구와 친척들에게 나눠 주고 나머지는 모두 관아에 바쳤습니다. 제주 사람들은 그것을 먹고 기운을 차릴 수 있었습니다.

"만덕이가 우리를 살렸다!"

전에는 구두쇠네, 기생이네 하고 헐뜯던 사람들도 감동해 만덕의 손을 잡고 울며 고마워했습니다.

만덕은 월중선의 말이 맞다는 것을 다시금 깨달았습니다. '사람이 사람과 함께 산다는 것.' 월중선이 만덕에게 새 삶을 주었듯, 이웃들 덕분에 지금껏 자신이 살 수 있었다는 것을. '그동안 받은 것을 돌려 주는 것.' 그것이 김만덕의 나이 57세에 얻은 깨달음이었습니다.

김만덕의 선행은 육지에도 널리 알려져, 이듬해 겨울에는 궁궐에 있는 임금님의 귀에도 들어갔습니다. 정조는 크게 기뻐했습니다.

"참으로 기특한지고. 제주목사에게 명해 무슨 소원이든 들어주라 하라!"

제주목사는 만덕을 불러 어명을 전하고는, 소원이 무엇인지를 물었습니다. 그러나 만덕은 아무것도 떠오르지 않았습니다. 이미 큰 재물은 만져 보았고 사람들의 칭송과 감사도 분에 넘치게 받아 마음까지 넉넉해졌는데 더 바랄 것이 없었습니다.

그런데 문득 오래전의 기억이 떠올랐습니다.

"금강산이 보고 싶군요. 욕심을 더 부린다면, 한양에 가서 임금님이 계시는 궁궐도 먼발치에서나마 보고 싶습니다."

제주목사는 물질적 보상이나 장사의 특권 따위를 원할 줄 알았는데 너무나 뜻밖의 대답을 듣자 깜짝 놀랐습니다. 임금님도 흔쾌히 허락했습니다. 섬의 여자들은 섬 밖을 나오면 안 된다는 국법이 있었지만, 정조는 기지를 발휘해 만덕을 내의원 의녀로 임명해 한양으로 부르고 여행길의 편의도 봐주었습니다.

정조 20년 여름, 제주 토박이 김만덕은 평생 처음으로 섬 밖을 나와 세상 구경을 하게 되었습니다. 먼 바다와 먼 육지 길을 거슬러 올라와 한양에 다다르자 영의정 채제공이 친히 나와 만덕을 맞이했습니다. 만덕은 왕비에게 문안을 드리기 위해 궁궐에도 가게 되었습니다.

"여인의 몸으로 사내도 하기 힘든 장한 일을 했도다. 네 이름은 후세에 길이 빛나리라."

왕비도 김만덕을 크게 칭찬하고 후한 상을 내렸습니다.

이듬해 봄, 만덕은 드디어 소원대로 금강산을 오르게 되었습니다.

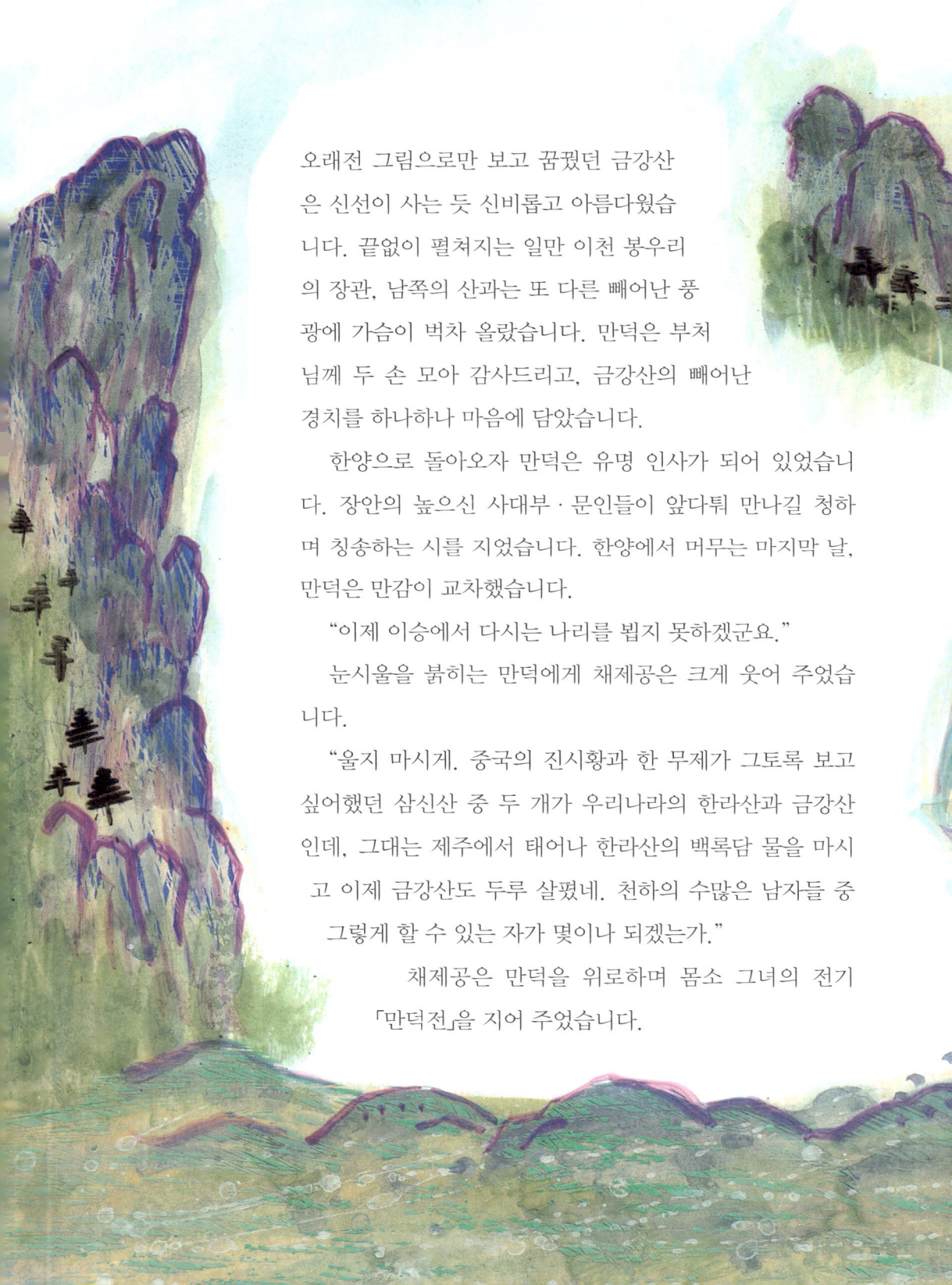

오래전 그림으로만 보고 꿈꿨던 금강산
은 신선이 사는 듯 신비롭고 아름다웠습
니다. 끝없이 펼쳐지는 일만 이천 봉우리
의 장관, 남쪽의 산과는 또 다른 빼어난 풍
광에 가슴이 벅차 올랐습니다. 만덕은 부처
님께 두 손 모아 감사드리고, 금강산의 빼어난
경치를 하나하나 마음에 담았습니다.

　한양으로 돌아오자 만덕은 유명 인사가 되어 있었습니
다. 장안의 높으신 사대부·문인들이 앞다퉈 만나길 청하
며 칭송하는 시를 지었습니다. 한양에서 머무는 마지막 날,
만덕은 만감이 교차했습니다.

　"이제 이승에서 다시는 나리를 뵙지 못하겠군요."

　눈시울을 붉히는 만덕에게 채제공은 크게 웃어 주었습
니다.

　"울지 마시게. 중국의 진시황과 한 무제가 그토록 보고
싶어했던 삼신산 중 두 개가 우리나라의 한라산과 금강산
인데, 그대는 제주에서 태어나 한라산의 백록담 물을 마시
고 이제 금강산도 두루 살폈네. 천하의 수많은 남자들 중
그렇게 할 수 있는 자가 몇이나 되겠는가."

　채제공은 만덕을 위로하며 몸소 그녀의 전기
「만덕전」을 지어 주었습니다.

진정한 부자의 삶

제주로 돌아온 만덕은 여전히 객주 일과 선행에 힘쓰다가, 73세에 조용히 세상을 떠났습니다. 만덕이 죽은 뒤에도 수많은 문장가와 선비들이 그녀를 기리며 칭송했습니다. 20여 년 뒤에는 제주로 귀양 온 명필가 김정희가 만덕의 행적에 크게 감동해 '은혜로운 그 빛, 길이 이어지리〔恩光衍世〕'라는 멋진 글을 남겼습니다. 지금도 제주에는 만덕을 기리는 탑과 기념지가 있으며, 제주시에서는 해마다 의로운 제주의 여인을 뽑아 '만덕상'을 시상하고 있습니다.

김만덕은 고아 · 천민 · 변방 출신 · 여자라는 당시의 모든 악조건 속에서도 용기와 도전 정신을 가지고 세상에 적극적으로 맞서 큰 부자가 되었습니다. 하지만 그녀가 유명해진 것은 단지 부자였기 때문이 아니라, 이웃이 어려울 때 평생 모은 재산을 아낌없이 나누었기 때문입니다. 그리하여 김만덕은 마음까지 부자가 되었고, 천민 출신이었지만 임금님과 지체 높은 양반들과 온 백성의 칭송을 받아 지금까지도 그 이름이 전해져 오고 있답니다.

옛날에는 어떻게 장사했을까?

요즘에는 은행을 통해 멀리서도 돈을 주고받을 수 있고 집에서 인터넷으로 물건을 사면 하루 만에 받아 볼 수도 있습니다.

그럼, 그 옛날 조선 시대에는 어떻게 장사를 했을까요?

17세기 농업 생산량이 늘고 수공업이 발달하면서 시장이 전국적으로 열렸습니다. 그러나 당시엔 한양 같은 큰 도시를 제외하고는 아직 고정된 가게가 드물었습니다.

대신 5일마다 장이 섰는데, 상인들은 물건을 봇짐에 매거나 수레에 싣고 이들 장터를 돌아다녀야 했지요. 따라서 물품을 보관해 주고 상인들이 쉴 수 있는 곳이 필요했는데, 이런 역할을 한 곳이 바로 객주와 여각입니다.

객주는 전국 각지에서 오가는 상인들을 위해 물품을 보관해 주거나 숙식을 제공해 주고, 때로는 상인의 물건을 맡아 두었다가 장날에 대신 팔아 주기도 했습니다. 또, 다른 지역의 상인이 원하는 물건을 대신 구해서 보내 주기도 했답니다.

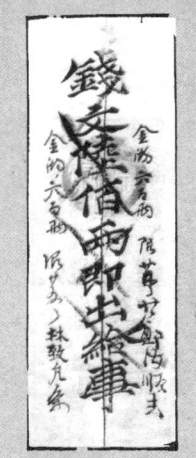
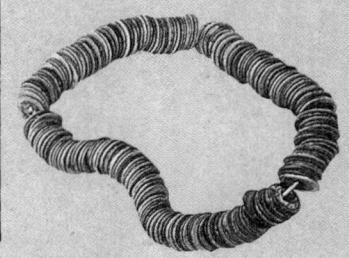

돈 대신 주고 받던 어음
출처『한국의 화폐』

　그런데 이 일에서 매번 돈을 주고받는 것은 매우 불편했습니다. 도둑맞을 위험도 있고 운반비와 시간이 들었으니까요.

　그래서 사람들은 돈 대신에 간편하게 돈을 언제까지 어떻게 준다고 약속하는 증표인 '환'과 '어음'을 발행해 주고받았습니다. 이것은 그야말로 약속이었으므로 무엇보다 신용이 중요했는데, 개성상인들이 발행하는 환과 어음은 신용도가 높아서 인기가 많았다는군요. 그 중에서 어음은 오늘날에도 널리 쓰이고 있답니다.

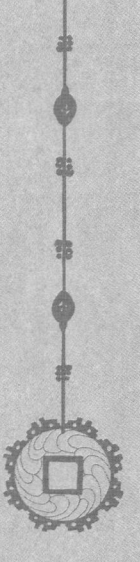

◎ 임 상 옥 (1779~1855)

천재적인 장사 수완으로 막대한 부를 이룬 조선 시대의 대표적인 거상. 인삼 판매권을 독점하고 청나라에 갔을 때 북경 상인들의 불매 동맹을 교묘한 방법으로 막아 막대한 이익을 챙겼다. 자선 사업을 적극적으로 펼쳐 관직에도 추천되었으나, 곧 물러나고 일생을 빈민구제와 시 짓기로 보냈다. 드라마 〈상도〉의 실제 인물.

◎ 우리 인삼의 역사

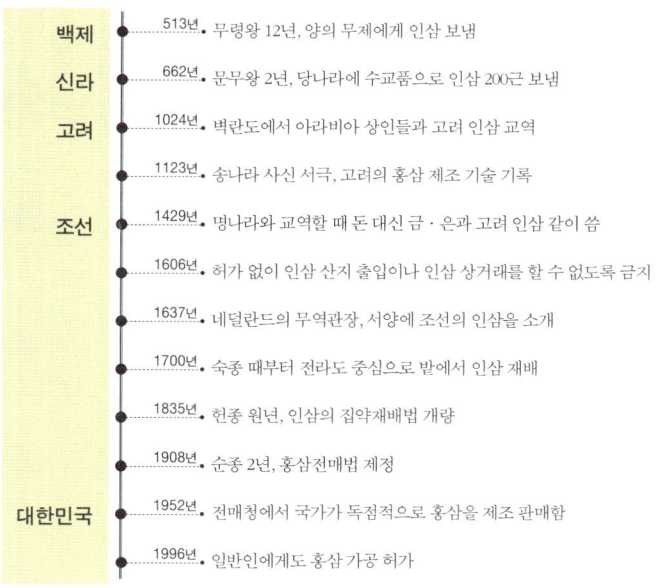

백제	513년	무령왕 12년, 양의 무제에게 인삼 보냄
신라	662년	문무왕 2년, 당나라에 수교품으로 인삼 200근 보냄
고려	1024년	벽란도에서 아라비아 상인들과 고려 인삼 교역
	1123년	송나라 사신 서극, 고려의 홍삼 제조 기술 기록
조선	1429년	명나라와 교역할 때 돈 대신 금·은과 고려 인삼 같이 씀
	1606년	허가 없이 인삼 산지 출입이나 인삼 상거래를 할 수 없도록 금지
	1637년	네덜란드의 무역관장, 서양에 조선의 인삼을 소개
	1700년	숙종 때부터 전라도 중심으로 밭에서 인삼 재배
	1835년	헌종 원년, 인삼의 집약재배법 개량
	1908년	순종 2년, 홍삼전매법 제정
대한민국	1952년	전매청에서 국가 독점적으로 홍삼을 제조 판매함
	1996년	일반인에게도 홍삼 가공 허가

천하제일 인삼왕

임상옥

임상옥

고난의 세월

"아버지! 드디어 마부 자리에 뽑혔어요. 이제 우린 부자예요!"

아버지와 상옥은 기뻐서 서로 얼싸안았습니다. 마부가 되었다고 왜 이렇게 기뻐할까요?

임상옥의 고향은 함경북도 의주입니다. 의주는 지리적으로 중국 국경과 가까워 조선의 사신들이 본국을 떠나는 곳인 동시에 중국 사신들이 조선으로 들어오는 관문으로, 정치적으로나 외교적으로나 경제적으로나 무척 중요한 곳이었습니다. 상옥의 아버지는 의주상인이었는데, 의주상인이 돈을 벌 수 있는 가장 좋은 기회는 중국행 사신단 일행으로 참가하는 것이었습니다. 그 때문에 상인들 사이에서는 말단 마부 자리를 놓고도 경쟁이 치열했는데, 이번에 상옥이네가 운좋게 뽑힌 것입니다.

　"북경까지는 길이 멀고 험하단다. 특히 한겨울에 가는 것이니 조심해서 따라와야 한다."

　이번 길은 음력 설에 맞춰 북경으로 가는 동지사행이라 추운 겨울에 만주 벌판을 지나야 했습니다. 여행 내내 너무나 추워서 아버지가 꼭 안아 주지 않았다면 상옥은 북경 구경을 해보기도 전에 얼어죽었을지 모릅니다. 때때로 호랑이나 도적 떼의 습격을 받을 위험도 있었지만, 상옥은 씩씩하게 따라갔습니다.

그렇게 한 달하고도 보름을 더 간 끝에 드디어 청나라의 수도 연경(북경)에 도착했습니다. 과연 그곳은 말도 다르고 인정도 풍속도 모두 다른, 매우 크고 거대한 도시였습니다. 서양인들이 지었다는 천주교 성당을 보고 낯선 서양 문물에 놀라는가 하면, 서책과 그림, 골동품이 가득한 골동품 시장도 둘러봤습니다. 거리에서 벌어지는 개싸움이나 닭싸움 구경도 재미났습니다.

아버지는 몇 군데 시장에 들러 흥정을 했으나, 곧 탐탁지 않은 표정으로 나왔습니다.

"경기가 좋지 않은지 다들 값을 너무 안 쳐주는구나. 좀 더 알아봐야겠다."

중국에서는 인삼을 팔아야 큰 이익을 남길 수 있었기에 아버지는 이번에 올 때 빚까지 내어 무리하게 인삼을 준비해 왔습니다. 때문에 특별히 좋은 값에 팔아야 했건만, 며칠 더 알아봐도 도통 좋은 값에 팔 수가 없었습니다.

귀국 날이 점점 다가오자 초조해진 아버지는 할 수 없이 인삼 값을 내렸습니다. 하지만 중국 상인들은 그보다 한참 더 낮은 가격을 요구했습니다. 결국 귀국을 하루 남겨 놓고서야 아버지는 기대보다 훨씬 싼 값에 인삼을 팔아야 했습니다. 상옥은 아버지를 말리고 싶었지만, 인삼은 오래 두면 약효가 점점 떨어지는 데다, 돈을 마련해야 조선에서 팔 중국 비단을 살 수 있으니 어쩔 수 없었습니다.

그런데 이번에는 중국 상인들이 모두 짜고서 비단 값을 비싸게 불렀습니다. 아버지는 별수 없이 비싼 값에 비단을 사고 터덜터덜 고향으로 돌아왔습니다.

상옥이네가 사온 비단은 그다지 신통한 돈벌이가 되지 못했습니

다. 전 재산을 쏟아 부은 데다 빚까지 끌어 쓴 탓에 아버지는 그만 과로에다 홧병으로 몸져눕고 말았습니다. 설상가상으로 어린 두 동생까지 돌림병에 걸리자, 이제 가족은 맏아들인 상옥이 책임져야 했습니다.

1796년, 임상옥은 열일곱의 나이에 가장이 되어 다른 사람 가게의 말단 사환으로 들어갔습니다. 일은 고되고 급료는 짧지만 상옥은 아버지의 말씀을 떠올리며 열심히 일했습니다.

"남의 돈을 받아먹기란 결코 쉬운 일이 아니다. 모든 일에는 정성, 오직 그뿐이니라."

하지만 아무리 정성껏 일해도 허드렛일로는 가족들을 부양할 수 없었습니다.

그러던 어느 날, 약도 제대로 못 먹고 끙끙 앓던 동생들이 죽고 말았습니다. 상옥은 크게 울었습니다.

'내가 더 돈을 잘 벌었다면 그렇게 죽지 않았을 텐데! 미안하다, 아우들아.'

정성으로 일을 배우다

동생들의 뼛가루를 압록강에 뿌리고 온 날, 상옥은 사환 일을 그만두었습니다. 대신 큰 지게를 지고 행상을 나갔습니다. 그는 건강한 몸 하나만을 밑천 삼아 비가 오나 눈이 오나 평양과 정주의 유기장을 돌며 놋그릇을 팔러 다녔습니다. 또 인삼이나 담배 재배 농가에서 날품도 팔며 부지런히 돈을 모았습니다.

일은 힘들었지만 여러 가지를 배울 수 있었습니다. 유기장을 오가며 펄펄 끓는 쇳물이 어떻게 놋그릇으로 만들어지는지, 어떤 것이 좋은 놋그릇인지 물건 보는 법을 익혔습니다. 또 인삼 농가에서는 어떤 씨앗을 골라 어떻게 인삼을 키우는지, 어떤 인삼이 질이 좋은지, 또 가짜와 진짜는 어떻게 구별하는지도 배웠습니다.

그러면서 그가 깨달은 것은, 아버지의 말처럼 모든 일에는 정성이 전부라는 사실이었습니다. 자식 얼굴을 빚듯 정성껏 놋그릇을 빚고, 자식을 돌보듯 정성껏 인삼을 키워야만 제대로 보답받을 수 있었습니다.

'그러니 사람을 상대하는 장사야말로 더욱 정성이어야 한다는 거죠, 아버지?'

상옥이 일하던 인삼 농가의 주인은 늘 성실하게 일하는 임상옥을 눈여겨보았습니다.

"자네, 우리 집 사환이 되지 않겠나? 급료는 섭섭치 않게 줌세."

어려서부터 틈틈이 글을 익힌 터라 상옥은 주인이 가르쳐 주는 송도 사개치부법과 장사의 기술을 빠르게 익힐 수 있었습니다. 아버지에게 배운 것이 성실과 신용이라면, 개성상인에게 배운 것은 장사의 기술, 즉 협상하고 설득하며 상대를 다루는 법이었습니다.

상옥이 중국어를 할 수 있다는 걸 알고 주인은 청나라 가는 사신 행렬에 뽑혔을 때 그를 데려갔습니다. 상옥은 주인이 중국 상인들을 상대하는 법을 눈여겨보았습니다. 노련하고 인내심 많은 주인은 아무리 터무니없는 소릴 들어도 화내지 않고 상대의 말을 끝까지 들으며 타협해 가다가도, 안 될 것 같으면 미련 없이 자리를 털고 일어섰습니다. 물론 협상을 하기 전에 시세나 시장 상황을 치밀하게 조사해 놓았지요. 처음엔 큰소리치던 중국 상인들도 결국 주인에게 물건을 팔아 달라며 사정했습니다. 상옥은 주인의 상술에 감탄하면서 그 모든 기술을 빠르게 흡수했습니다.

몇 년 후 상옥은 그동안 모은 돈과 경험을 바탕으로 독립하기로 결심했습니다. 주인은 몹시 아쉬워하며 상옥에게 그 귀한 홍삼을 20근이나 주었습니다.

"젊어서 하는 고생은 큰 재산이라네. 여기서의 일들도 자네에게 큰 재산이 되길 바라네."

마침 상옥의 성실함과 유창한 중국어 실력을 알아본 관리들이 그를 사신 일행의 마부로 뽑아 주었습니다. 오랜 기다림 끝에 다시 기회가 찾아온 것입니다.

임상옥

변방의 인삼 무역 독점하다

중국과의 국경 지역에는 사신들이 오가는 길을 따라 자연스럽게 국제 무역 시장이 열렸습니다. 그중에서도 압록강에서 120리 떨어진 곳에 있는 '책문'이라는 도시에서 열린 시장이 유명했습니다. 책문은 두 나라의 국경에 위치해 있어 조선 사신 일행의 입·출국 심사를 하는 일종의 세관이자 무역 시장이었습니다.

"지난번 왔던 임 청년 아닌가. 주인은 어쩌고 자네 혼자 왔는가?"

책문에 도착하자, 주인과 단골로 인삼을 거래하는 중국 상인이 반갑게 맞이했습니다.

"이번에 제가 독립해서 무역을 시작했습니다."

"그래? 그럼 당연히 좋은 값에 사줘야지. 물건들을 어디 보세."

그는 얼마 안 되는 임상옥의 홍삼을 좋은 값에 사들인 것은 물론, 특별히 싸고 좋은 비단을 파는 가게도 소개해 주었습니다. 임상옥은 그곳에서 산 비단을 조선에서 팔아 짭짤한 재미를 보았습니다.

'좋았어! 이대로 계속 해보는 거야.'

용기를 얻은 임상옥은 다음 장사를 준비했습니다. 아직은 홍삼을 사기에 돈이 부족했으므로, 전국의 사찰을 돌며 스님들이 만든 질 좋은 종이를 구해다가 팔기도 하고, 예전에 일했던 유기장에서 놋그릇이나 놋대야를 가져다가 팔기도 했습니다. 또, 다른 지역의 상인들이 원하는 물건을 대신 사다가 수고비를 받고 전해 주기도 했습니다.

임상옥은 비록 손해를 보는 한이 있어도 값을 속이지 않고 부탁받은 물품은 반드시 약속한 날짜에 갖다 주어 신용을 지켰습니다. 또 시장 상황을 보아 가며 물건을 사고파는 일을 과감히 처리했습니다.

"자네가 인삼 좀 볼 줄 안다면서? 이 인삼이 진짠지 가짠지 감정 좀 해주게나."

어느 날 역관 한 명이 임상옥에게 부탁을 해왔습니다. 역관들은 장사를 많이 했지만 역시 전문적인 장사꾼이 아닌지라, 간혹 도라지나 칡뿌리 따위를 인삼인 줄 알고 잘못 가져오기도 했습니다. 임상옥은 그것을 이리저리 살펴보고는 말했습니다.

"겉이 단단하게 여물지는 못했으나 유백색에 매끈한 것이 삼남(영남·호남·충청) 지방의 인삼 같습니다."

"그래, 진짜가 맞지? 중국 상인이 자꾸 가짜라고 우겨서 말야. 부탁인데, 자네가 그 상인에게 설명 좀 해주지 않겠나?"

임상옥은 역관과 함께 중국 상인을 찾아가서 진짜와 가짜 인삼을 비교하며 조목조목 설명해 주었습니다. 중국 상인은 감탄하며 좋은 값에 인삼을 사갔습니다. 역관은 상옥에게 매우 고마워했습니다.

"자네 참 믿음직하군. 내 인삼도 좀 팔아 주겠나? 수고비를 후하게 쳐주지."

역관들은 북경에 다녀올 때마다 나라에서 인삼을 팔포(80근)씩 지급받아서 사행 경비 일부와 자신의 급료로 충당했지만, 그중에는 장사에 서툰 역관도 있었습니다. 그들은 임상옥에게 자신들의 인삼을 대신 팔아 달라고 부탁했습니다. 임상옥은 인삼을 품질에 따라 엄격하게 나눈 다음 값을 각기 다르게 매겼습니다. 그리고 시장에 가져가 먼저 질이 낮은 인삼을 싸게 팔아 손님들을 불러 모은 후, 상급 인삼들을 경매에 부쳐 몇십 배가 넘는 이익을 남겼습니다. 임상옥의 노련한 상술에 다들 혀를 내둘렀습니다.

"굉장하군. 내가 내의원에서 부탁받은 우황을 사야 하는데, 자네가 좀 싸게 사다 줄 수 있겠나? 역시 수고비는 두둑히 챙겨주겠네."

임상옥은 부지런히 발품을 팔아 역관들이 부탁한 물건들을 싼값에 질 좋은 것으로 사다 주었습니다. 당시 임상옥처럼 역관들의 팔포와 별포 무역을 대신 맡은 상인들이 많았지만, 그들 중에서 가장 신뢰를 얻은 사람은 임상옥이었습니다. 그의 명성은 관리들 사이에도 퍼져 당시 순조 임금의 친척인 이조참판 박종경 대감의 귀에도 들어갔습니다.

"자네가 임상옥인가? 장사 수완이 상당하다 들었는데, 어떤가? 나와 손잡아 볼 텐가?"

이 제안은 임상옥의 상인 인생에서 큰 전환점이 되었습니다. 임상옥은 그에게 빌린 자금으로 전국의 우량 인삼 재배 농가에서 특히 질 좋은 홍삼을 사들였습니다. 그러고는 홍삼들을 청나라로 가져가 친분 있는 청나라 관리의 주선으로 황실과 관료들에게 비싼 값에 팔아 매우 큰 이득을 남겼습니다. 임상옥은 그 이득을 인삼 재배 농가에 골고루 나눠 주고 나머지는 박종경 대감에게 바쳤습니다. 박종경 대감은 크게 웃으며 그중 절반을 뚝 떼어 임상옥에게 주었습니다.

"자네 실력은 알았네. 나는 정치, 자네는 상업. 각자의 분야에 힘쓰며 서로 협력하세나."

이렇게 해서 임상옥은 박종경 대감의 도움으로 본격적인 무역을 하게 되었습니다. 무역의 규모와 이익은 점점 커져, 겨우 서른두 살의 나이에 변방의 인삼 무역을 거의 독점할 정도였지요. 의주의 임상옥이 값을 제일 잘 쳐준다는 소문을 듣고 전국의 인삼 농가들은 앞다퉈 그에게 좋은 물건을 팔고 싶어했습니다.

하지만 누가 뭐래도 임상옥의 거래처 1순위는 예전에 신세진 주인의 인삼 농가였답니다. 덕분에 주인도, 박종경 대감도, 그리고 임상옥도 점점 부자가 되었습니다.

통쾌한 인삼 한판승!

1821년, 42세가 된 임상옥은 다시 전국에서 최상급 인삼을 한 가득 사서는 변무사 사행을 따라 청나라로 갔습니다. 연경에 도착해서 짐보따리를 풀고 인삼을 팔려는데, 어찌된 일인지 청나라 상인들은 모두 약속이나 한 듯 고개를 저었습니다.

"너무 비싸오. 은 20냥이 아니면 안 사겠소."

임상옥은 기가 막혔습니다. 지난 200여 년 동안 인삼 값은 한 근당 은 25냥에 머물러 있었는데, 더 올려도 부족할 판에 오히려 내리려고 했으니까요. 청나라 상인들은 이렇게 가격을 짬짜미해서 조선 상인들을 골탕 먹이곤 했습니다. 조선 상인들에게는 한 가지 약점, 바로 사신단이 돌아가기 전에 모든 거래를 끝마쳐야 한다는 제한이 있었거든요. 그 점을 악용해서 청나라 상인들은 다 같이 짜고 조선 상인들의 귀국일까지 값을 낮게 불러 조선 물건들은 싸게 사들이고, 반대로 자기네 물건들은 비싸게 팔았습니다. 지금까지 그 수법에 아버지뿐만 아니라 다른 상인들, 심지어 임상옥도 젊은 시절 몇 번 당했습니다.

임상옥은 도저히 참을 수가 없었습니다. 비단 임상옥뿐만 아니라 조선의 인삼을, 인삼의 나라 조선을 가지고 노는 처사였습니다. 임상옥은 마음을 단단히 먹고 청나라 상인들에게 선언했습니다.

"은 40냥!"

청나라 상인들은 물론, 같이 간 조선 상인들까지 경악했습니다. 임상옥의 인삼이 제일 많았던 탓에 자연스럽게 그가 부른 가격이 다른 상인들에게도 평균 판매가가 되었는데, 그렇게 비싸게 부르면 팔릴 리가 없었기 때문이지요.

하지만 임상옥은 다시 태연히 말했습니다.

"은 50냥."

"미쳤군!"

모두 비명을 질렀지만 임상옥은 태연했습니다. 사람들을 몰래 풀어 중국의 상황을 알아본 결과, 그 해 중국 전역의 인삼 농사가 망해 수요에 비해 공급이 턱없이 부족하다는 사실을 알고 있었기 때문입니다. 청나라 상인들은 조선 인삼을 잔뜩 사서 중국 전역에 비싼 값에 되팔려고 조선 상인들이 오기만을 애타게 기다리던 중이었습니다. 기왕에 많이 사는 거 싼값에 사자고 다 같이 짜고서 엄살을 떤 것이지요.

임상옥은 중국의 상황을 설명하며 다른 조선 상인들에게도 동참해 줄 것을 호소했습니다. 그동안 중국 상인들의 행패를 괘씸하게 여겼던 조선 상인들은 임상옥의 뜻을 따라 중국인들에게 인삼을 팔지 않았습니다.

시간이 흘러 어느새 귀국일이 가까워졌습니다. 이제 청나라 상인들뿐 아니라 조선 상인들도 애가 탔습니다. 일 년 밑천을 털어 인삼을 팔러 왔는데 이러다가 한 뿌리도 못 팔고 돌아가게 생겼으니까요.

"안 되겠소. 그냥 적당한 가격에 팔아 버립시다."

"지금 수작에 말려들면 우린 앞으로도 계속 당하게 됩니다. 평생 밑지는 장사만 하시겠습니까?"

"허나 이러면 귀국 일자까지 한 뿌리도 못 팔게 되오. 그럼 이번 장사는 끝장이란 말이오."

그 말에 다른 상인들도 수심에 찬 얼굴로 고개를 끄덕였습니다.

임상옥은 눈을 지그시 감고 말했습니다.

"그럼, 제가 사겠습니다."

상인들은 깜짝 놀랐습니다. 임상옥은 다시 한 번 말했습니다.

"제 이름과 전 재산을 걸고 지금 여러분이 파실 인삼들을 모두 제가 사겠습니다. 여 정도에서 포기할 거라면 애초에 시작도 하지 않았습니다."

임상옥은 태연하게 거액의 어음을 써주며 다른 상인들의 인삼을 죄다 사들였습니다. 그가 머무는 숙소의 창고에는 인삼이 그득그득 쌓여 갔습니다. 청나라 상인들은 모르는 척하면서도 임상옥의 행동에 촉각을 곤두세웠습니다.

마침내 조선으로 돌아가는 날 아침, 임상옥은 그 인삼들을 마차에 싣지 않고 모두 마당에 쌓았습니다. 그러고는 큰 소리로 외쳤습니다.

"모조리 불태워라!"

하인들과 동료 상인들은 다들 깜짝 놀랐습니다. 임상옥이 직접 볏짚에 불을 붙여 인삼 더미에 던졌습니다. 마른 홍삼에 불이 붙어 타들어 가자 매캐한 향과 연기가 코를 찔렀습니다.

"미쳤소? 이 아까운 인삼들을 왜 태운단 말이오!"

몰래 훔쳐보던 청나라 상인들이 달려 나와 외쳤습니다.

"천하의 명약을 몰라보는 자들에게 인삼이 다 무슨 소용이오. 차라리 그냥 태워 버리겠소."

임상옥은 다른 쪽에도 불을 붙이려 했습니다. 그러자 모두 달려들어 그 팔에 매달렸습니다.

"이보시오, 그만두시오! 내가 사겠소. 얼마든지 당신이 부르는 값에 사리다!"

그들에겐 이제 비싸고 싸고의 문제가 아니라, 귀한 인삼을 구하느냐 마느냐의 문제가 되었습니다. 안 사겠다고 으름장 놓던 청나라 상인들이 이제는 앞다퉈 자기가 사겠다며 달려들었습니다. 어떤 이는 인삼에 붙은 불을 맨손으로 쳐서 끄며 아까워했습니다.

"남은 게 전부 이것뿐이라 이제는 은 50냥에도 팔 수 없소만."

임상옥은 느긋하게 말했습니다.

"얼마면 되겠소? 얼마든 좋으니 그냥 팔아만 주시오!"

타다 남은 것이 일 년치 인삼의 전부라고 말하자, 인삼 값은 몇 배가 뛰어올랐습니다. 임상옥은 이전보다 열 배도 넘는 값에 남은 인삼들을 팔 수 있었습니다.

재물은 평등하기가 물과 같고,
사람은 바르기가 저울과 같다

임상옥은 엄청난 갑부가 되었습니다. 으리으리한
집에서 좋은 옷을 입고 맛있는 음식을 마음껏 먹
을 수 있었습니다. 남아 있는 기록을 보면, 그의
사업을 돕는 서기만 해도 70명이나 되었고, 집의
규모는 무려 수백 칸에 이르렀다고 합니다.

　한번은 외국 사신을 영접한 조정의 관리가 무
려 700명을 데리고 갑자기 그의 집에 찾아간 적
이 있는데, 그 많은 인원이 먹을 요리를 각각 1인

용 상으로 준비해 수백 명의 하인이 동시에 내갔다고 합니다. 임상옥의 재력이 얼마나 대단했는지 짐작할 수 있는 일화입니다.

하지만 그는 외로운 부자였습니다. 두 아우는 오래전에 죽었고, 아버지도 그가 스물여덟 살 되던 해에 시름시름 앓다 돌아가셨으며, 슬하의 아들마저 불의의 사고로 죽고 말았습니다.

부자가 되었어도 그 부를 같이 나눌 사람이 없자, 임상옥은 주위로 눈을 돌려 굶주리는 이웃들과 아픈 사람들을 도와주었습니다. 1834년 의주 지역 일대에 큰 홍수가 났을 때 임상옥은 자신의 재산을 털어 수재민 구제에 앞장섰습니다. 당시 임금이었던 순즈는 그 공을 높이 사서 1835년에 그를 관직에 등용했습니다.

그러나 비천한 상인에게 관직을 주는 것은 옳지 않다는 상소가 빗발치자, 임상옥은 몇 달 만에 스스로 관직에서 물러났습니다. 그리고는 77세로 생을 마감할 때까지 빈민 구제 사업과 시 쓰기로 여생을 보냈습니다.

임상옥은 생전에 "재물은 평등하기가 물과 같고, 사람은 바르기가 저울과 같다"는 말을 남겼습니다. 이는 물과 같은 재물에 욕심을 부리면 결국 그 재물로 인해 비극을 겪게 되며, 사람의 가음이 저울처럼 올바르지 못하면 언젠가는 파멸하고 만다는 뜻으로 해석됩니다. 또는 사람은 신용을 바탕으로 절제 있게 재물을 추구해야 한다는 뜻으로 해석되기도 합니다.

큰 부자가 되는 길은 요행이 아닌 오직 정직과 성실에 있다는 사실을, 200여 년이 지난 오늘날에도 임상옥은 우리에게 가르쳐 주고 있습니다.

우리 역사의 1등
수출품, 인삼

　현재 우리나라의 수출품 1위는 반도체이지만, 5천 년 우리 역사에서 가장 유명했던 수출품은 무엇일까요? 바로 인삼입니다. 산 좋고 물 좋은 우리 땅에서 나는 인삼은 일찍이 삼국 시대부터 불로불사의 명약 혹은 만병통치약으로 여겨질 만큼 그 효능을 인정받았습니다.

　물론 인삼이 우리나라에만 있는 것은 아닙니다. 중국에도 윈난성과 광시성 일대에 '전칠삼'이라는 인삼이 있고, 미국과 캐나다, 또 일본과 러시아에서도 인삼이 자랍니다.

　그런데도 우리나라 인삼이 특별히 유명한 이유는 뭘까요? 바로 우리 인삼에는 '사포닌'이라는 인삼의 주성분이 다른 나라의 것보다 훨씬 많이 들어 있기 때문입니다.

　사포닌은 피로를 풀어 주고 암을 예방하며 피부를 탱탱하게 해주는 성분인데, 이 사포닌이 풍부해 예로부터 우리나라 인삼은 다른 나라의 것보다 열 배는 더 값이 나갔습니다.

　중국에서는 아편 중독에 우리 인삼이 특효라 하여 비싼 돈을 주고 사갔고, 일본에서는 우리 인삼을 사기 위해 특별히 순도 80%가 넘는 특별 은화 '인삼대왕고은'을 만들었을 정도입니다.

우리나라 인삼의 명성은 서양에도 알려져 프랑스의 루이 14세에게도 바쳐졌으며, 사상가 장 자크 루소는 원기를 북돋의 준다 해서 인삼을 특히 애용했다고 합니다.

홍삼은 인삼을 쪄서 약효의 흡수율을 높이고 보관하기 쉽도록 가공한 것입니다. 홍삼 가공은 천 년도 훨씬 전에 시작되었는데, 오랫동안 국가에서 홍삼의 생산과 수출을 엄격히 관리했습니다.

그러나 오늘날에는 일정한 자격만 있으면 누구나 홍삼을 만들 수 있으며, 먹기 쉽도록 농축액 · 사탕 · 젤리 · 차 · 분말 등 다양하게 상품화되고 있습니다.

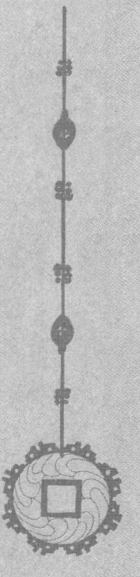

◎ 최봉준 (1860~?)

조선조 말에 러시아 블라디보스토크로 건너가 자수성가한 인물로, 소 무역으로 큰 부자가 되었다. 조선인으로는 최초로 거대 함선을 두 척이나 보유하고 큰 무역을 했다. 1905년 을사조약이 체결되자 〈해조신문〉을 창간하여 항일 정신과 민족 정기를 고취하고 항일운동을 벌였다. 1996년 건국훈장 독립장에 추서되었다.

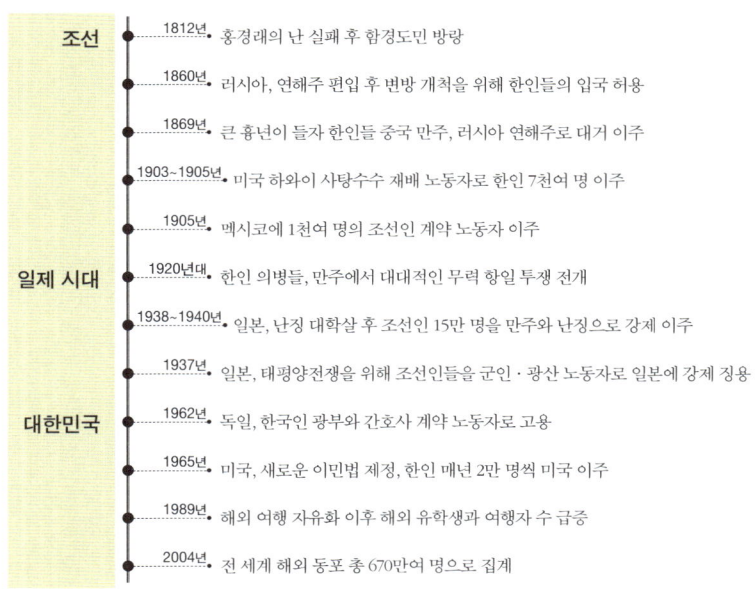

◎ 우리의 해외 이주사

조선

- 1812년 • 홍경래의 난 실패 후 함경도민 방랑
- 1860년 • 러시아, 연해주 편입 후 변방 개척을 위해 한인들의 입국 허용
- 1869년 • 큰 흉년이 들자 한인들 중국 만주, 러시아 연해주로 대거 이주
- 1903~1905년 • 미국 하와이 사탕수수 재배 노동자로 한인 7천여 명 이주
- 1905년 • 멕시코에 1천여 명의 조선인 계약 노동자 이주

일제 시대

- 1920년대 • 한인 의병들, 만주에서 대대적인 무력 항일 투쟁 전개
- 1938~1940년 • 일본, 난징 대학살 후 조선인 15만 명을 만주와 난징으로 강제 이주
- 1937년 • 일본, 태평양전쟁을 위해 조선인들을 군인 · 광산 노동자로 일본에 강제 징용

대한민국

- 1962년 • 독일, 한국인 광부와 간호사 계약 노동자로 고용
- 1965년 • 미국, 새로운 이민법 제정, 한인 매년 2만 명씩 미국 이주
- 1989년 • 해외 여행 자유화 이후 해외 유학생과 여행자 수 급증
- 2004년 • 전 세계 해외 동포 총 670만여 명으로 집계

불멸의 선박왕

최봉준

불멸의 선박왕 최봉준

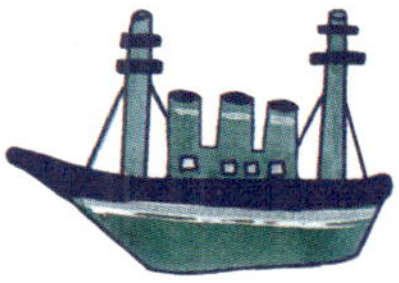

고달픈 타향살이

"아버지, 아직 멀었어요?"

"조금만 더 가면 된다. 기운 내거라."

맨 앞에서 커다란 봇짐을 짊어진 아버지가 대답했습니다. 여덟 살 봉준이는 추위에 곱은 손을 호호 불면서 열심히 소고삐를 끌고 쫓아갔습니다. 봉준이네의 전 재산이나 다름없는 누렁소가 허연 김을 뿜으며 그 뒤를 따라갑니다. 봉준이네 가족은 고향인 함경북도 경흥을 떠나 머나먼 연해주로 가는 중입니다.

봉준이가 태어난 1860년대 조선은 안팎으로 큰 변화와 갈등을 겪고 있었습니다. 안으로는 수십 년간 계속된 세도 정치의 폐단으로 나라의 기강이 무너졌고 백성들의 삶은 어려워졌으며, 밖으로는 식민지를 확보하려는 서구 열강이 조선을 침략해 왔습니다. 500년 가까이 유지되어 온 조선 사회는 개방과 폐쇄 사이에서 큰 갈등을 겪고 있었습니다.

조선의 최북단인 함경도와 평안도 사람들은 특히 더 힘들었습니다. 이곳은 예로부터 중국과의 교역 통로로 상업과 수공업·광업이 발전했지만, 늘 변방으로 취급받으며 조정으로부터 부당한 차별과 수탈을 당하고 있었습니다. 거기에 흉년까지 겹치자 사람들은 하나둘 고향을 떠나기 시작했습니다.

"더 못 살겠다! 차라리 저 멀리 연해주에 가면 마음 편히 농사지을 수 있다더라."

연해주는 본래 중국 땅이었으나 1860년 북경 조약에 의해 러시아의 영토가 된 곳으로, 불모지나 다름없었습니다. 러시아 정부는 흑룡강 연안 등의 변방 지역을 개척하기 위해 조선인의 이주를 허락했습니다.

꽁꽁 언 두만강을 겨우 건너가 눈보라가 몰아치는 허허벌판을 무작정 걸었지만, 연해주에 있다는 농장은 어디에도 보이지 않았습니다. 가져간 식량도 거의 떨어지고 차디찬 벌판에서 노숙하기를 며칠, 봉준이네는 간신히 어느 마을에 도착했습니다. 그곳 사람들은 생김새도, 언어도, 생활 방식도 모두 달랐습니다. 러시아 사람들이었으니까요.

"잘못 온 것 같아요. 차라리 고향으로 돌아가는 게 낫겠어요."

어머니가 근심에 차서 말했지만, 길고 혹독한 시베리아의 겨울이 시작된 데다 돌아갈 여비도 식량도 없었습니다. 러시아 사람들에게 손짓 발짓으로 부탁해 간신히 마구간 한편에 거처를 마련했지만, 영하 수십 도로 내려가는 매서운 추위를 버텨 낼 수가 없었습니다. 칼바람이 가장 많이 들어오는 벽 쪽에서 주무시던 아버지는 며칠 새에 병

이 나고 말았습니다. 겨울철이라 일자리도 구할 수 없자, 할 수 없이 전 재산이자 중요한 농사 밑천인 소를 팔아야 했습니다. 하지만 아버지는 병이 도져서 시름시름 앓다가 끝내 돌아가시고 말았습니다.

"아버지! 이렇게 가시면 어떡해요, 아버지……."

봉준이는 얼어붙은 아버지의 시신을 안고 엉엉 울었습니다.

어머니와 봉준이는 아버지의 장례도 제대로 못 치르고 일자리를 찾았지만, 말도 안 통하고 힘도 못 쓰는 아녀자와 어린애를 아무도 쓰려고 하지 않았습니다. 마을에서도 쫓겨나자, 그들은 별수 없이 다시 들판을 헤맸습니다. 어머니의 필사적인 노력으로 굶어죽는 것만은 면했지만, 어머니도 봉준이도 뼈만 남았을 정도로 여위었습니다.

"그냥 이렇게 죽을 순 없어. 죽기 전에 뭐든 해보자!"

봉준이는 주린 배를 움켜잡고 일어났습니다. 그리고 척박한 땅을 얼어터진 맨손으로 개간하기 시작했습니다.

희망을 일구다

"걱정 마세요. 제가 아버지 대신 열심히 일할게요."

이듬해 봄, 봉준이는 어머니와 힘을 합쳐 황무지를 개간하고 감자와 옥수수를 심었습니다. 틈틈이 남의 농사일도 거들어 품삯을 한푼 두푼 모으자, 몇 년 후에는 작은 초가집이나마 마련할 수 있었습니다.

봉준이가 열다섯 살이 되었을 때, 두 사람은 더 좋은 땅을 찾아 우수리스크에 있는 추풍(수이푼) 강가로 이주했습니다. 몇 년 전 이곳에 처음 온 조선인들은 토굴에 살면서 몇 번이나 죽을 고비를 넘기며 맨손으로 땅을 개간했습니다. 봉준이 가족이 도착했을 무렵엔 한창 개간 붐이 일고 있었습니다.

'그래, 죽을 각오로 덤비면 무슨 수든 생길 거야.'

봉준은 다시금 각오를 다지고 가까운 연추 남쪽을 개간하고 숲의 나무를 베어 집을 지었습니다. 이제 열아홉 살 장정이 된 봉준은 주변 사람들과 힘을 합쳐 마을을 만들었습니다. 그들은 마을을 향산동이라 이름 붙이고, 다리를 놓고 길을 닦고 학교도 세웠습니다. 한인들이 개척한 곳에 러시아 사람들도 들어오기 시작했습니다. 학교에서는 조선어는 물론 서양 학문과 러시아어도 가르쳤습니다. 봉준이도 일하고 학교를 다니며 열심히 공부했습니다.

어느덧 10년의 세월이 흘러, 봉준은 작은 농장과 임업 제재소를 가진 농장주가 되었습니다. 봉준은 새로운 일에 도전해 보고 싶었습니다.

그가 살던 연추에서 멀지 않은 곳에 러시아 남동쪽의 항구 도시 블라디보스토크가 있었습니다. 러시아는 '동방(보스토크)을 정복하자

최봉준

(블라디)’는 의미를 가진 블라디보스토크를 적극적으로 개척하기 시작했습니다. 도시의 이름 그대로 아시아로 뻗어 나가기 위해서였지요. 특히 조선을 침략하며 북상하는 일본을 막기 위해, 광활한 시베리아 벌판을 거쳐 만주 북부의 하얼빈과 블라디보스토크까지 잇는 철도를 건설했습니다. 덕분에 그 지역에 군인과 인부들이 많아지면서, 그들에게 물건들을 공급할 상인들도 많이 필요하게 되었습니다.

'러시아 군인들에게 가장 필요한 것이 뭘까?'

러시아는 몹시 추운 곳이었으므로 사람들은 칼로리가 높고 열을 많이 내는 음식인 돼지고기와 쇠고기를 많이 먹었습니다. 그중에서도 쇠고기는 맛도 있었지만 소가죽은 질기고 따뜻해서 쓸모가 아주 많았습니다. 봉준은 무릎을 탁 쳤습니다.

“그래, 소다! 조선의 소를 갖다 파는 거야.”

봉준은 어릴 때 이별한 소가 떠올랐습니다. 그는 하던 일을 모두 가족에게 맡기고, 그 부근의 농가를 돌며 달걀을 사모았습니다. 그러고는 큰 수레에 달걀을 가득 싣고 20여 년 만에 고국 땅을 밟았습니다.

러시아에 소를 수출하다

함경북도 경흥은 어릴 적 기억과는 사뭇 달라져 있었습니다. 한반도 최북단에 자리한 국경 도시라 아직 일본의 힘이 본격적으로 미치진 못했지만, 연해주 농장에 날품을 팔러 가는 함경도 농민들이며 무역을 하러 온 중국과 러시아 상인들이 무척 많았습니다.

최봉준은 도착하자마자 달걀을 팔았습니다. 이미 러시아 사람들은 선진 기술로 달걀을 대량생산해서 값도 싸고 맛도 좋았습니다. 달걀은 많은 조선인 노동자들의 비상 식량이기도 해 함경도에서 팔면 두 배 이상 이윤이 남았습니다.

'자, 이제 소 사업을 본격적으로 시작해 볼까.'

소는 농사에서 중요한 일꾼이자 귀중한 영양 공급원으로 수천 년간 우리 민족과 함께 해왔습니다. 그 때문에 우리 조상들은 예로부터 소의 사육과 품종 개량에 정성을 쏟아 왔습니다.

최봉준은 함경도 지방에서 소들을 마리당 30~40원에 사들였습니다. 당시에 그 돈은 지금의 몇백만 원에 해당하는 큰돈이었습니다. 소들을 러시아에 내다팔자, 러시아 군대는 품질이 좋은 우리 소를 무조건 사들였습니다. 고기도 맛있었지만 소가죽은 구두에서 배낭에 이르기까지 폭넓게 이용되었거든요.

하지만 비싼 소를 한꺼번에 여러 마리 사는 것은 꽤 부담이 되었습니다. 블라디보스토크까지 그 많은 소를 운반하는 비용, 소를 돌보는 사람의 인건비와 소의 먹이 값도 무시할 수 없었습니다. 운반 도중 소가 죽거나 병드는 일도 종종 있었습니다.

그러던 어느 날, 소들이 모조리 병으로 쓰러졌습니다.

"망했다. 우질(소의 전염병)이다!"

최봉준은 눈앞이 캄캄해졌습니다. 그가 성진에 자리를 잡은 이듬해인 1899년 초가을에 우질이 크게 돌아 그 일대의 소들이 모두 죽고만 것입니다. 오늘날엔 수의학이 발달했지만, 그때만 해도 소나 말이 병들면 손을 써보다가 결국 시장에 헐값에 팔아 버리는 것이 보통이었습니다. 그렇게 나온 소들은 대개 우질이 더 퍼지기 전에 도살되었습니다. 병에 걸린 소들이 속출하자, 소 값이 크게 떨어졌습니다.

'가만…… 소 값이 떨어져?'

최봉준은 무릎을 탁 치고는, 러시아에 재빨리 사람을 보내 러시아인 수의사들을 데려왔습니다. 수의사들이 정성껏 치료하자, 병들었던 소들이 다시 건강을 되찾았습니다. 최봉준은 병이 깊지 않은 소들을 싼값에 많이 사서 수의사들에게 치료하도록 했습니다. 그렇게 해서 건강해진 소들을 다시 러시아에 팔았는데, 그 이익이 무려 열 배가 넘었다고 합니다.

조선 최고의 선박왕이 되다

1884년 조선과 러시아 사이에 조로수호통상조약이 체결되자, 러시아는 재빨리 블라디보스토크에서 원산, 부산을 거쳐 일본 나가사키, 중국 상하이를 잇는 정기 항로를 개설했습니다. 그 덕분에 더 많은 함경도 사람들이 간도나 연해주로 가서 농장에서 품을 팔거나 장사를 했습니다.

최봉준은 소를 싣고 갈 때마다 사람들을 종종 배에 태워 주었는데, 점차 그 수가 늘어났습니다. 마침 소 수출량도 늘어나던 터라 무거운 소와 많은 사람들을 빠르게 실어 나를 수 있는 교통수단이 필요했습니다.

'큰 배가 필요해. 황소와 사람들을 충분히 실을 만큼 크고 튼튼한 배가…….'

그는 재산을 털어 1000톤급 기선인 '준창호'를 사들였습니다. 그리고 그 배로 함경도 성진과 원산, 경흥에서 블라디보스토크, 중국, 일본을 잇는 정기 항로를 만들었습니다. 이제 어디든 갈 수 있는 자신만의 운반선을 마련하자, 최봉준은 홍콩에서 광목과 비단을 수입하고는 지역 신문에 광고를 냈습니다.

음력 8월부터 함경도 성진항 거류지에 꿀화 판매소를 설치하고 상하이, 홍콩, 블라디보스토크, 일본에서 각종 비단과 양목을 구해 와 장사를 시작했으니 모두 와서 사 가십시오.

이 광고를 보고 부잣집 마나님들과 결혼을 앞둔 새색시들이 앞다퉈 비단을 사갔습니다.

이제 최봉준의 이름은 함경도 노동자들뿐 아니라 일반인 사이에서도 유명해졌습니다. 조선 왕조가 막대한 차관을 들여 사들인 국유 화물선도 고작 세 척뿐인 데다 그나마 고장 나서 제대로 운항도 하지 못하던 때, 최봉준은 혼자서 1000톤급 화물선을 몰며 국제 항로를 정기적으로 운항했던 것입니다.

여러 분야로 사업을 확장했지만, 그가 주로 힘쓴 것은 소 무역이었습니다. 신문에는 "1905년 10월 한 달 동안 소 257마리가 블라디보스토크로 수출되었는데, 이것이 모두 최봉준의 준창호와 상인 유상진의 배 현익호로 운반했다"는 기사가 실렸지요. 뿐만 아니라 함경도에서 러시아나 만주를 오가는 노동자 수만 명도 최봉준의 배를 타고 왕래했습니다. 소 무역뿐 아니라 교통과 유통 분야에서도 성공해 사람들은 최봉준을 '혜성처럼 나타난 무역왕'이라 했지만, 그는 아직 만족하지 못했습니다.

"더 크고 튼튼한 배가 필요해. 일본 무역선보다 더 크고 튼튼한 배가……. 그래, 그거야!"

어느 날, 함경도 성진항 앞바다에 거대한 그림자가 드리워졌습니다.

"저게 뭐야? 섬인가?"

그 그림자가 움직이자, 항구에 있던 사람들은 자기 눈을 의심했습니다. 물체가 점점 더 가까워지자 사람들이 웅성거렸습니다.

"세상에, 배잖아! 저렇게 큰 것이 배라니……."

1906년 4월 30일자 신문에는 준창호의 주인 최봉준이 일본의 화륜선인 1400톤짜리 전함 후시미마루를 사들였다는 기사가 실렸습니다. 후시미마루는 청일전쟁과 러일전쟁에서 크게 활약한 일본 군함 중에서도 큰 군함으로 손꼽히던 것이었습니다. 최봉준은 그 군함을 사들여 개인의 수송선으로 쓴 것입니다. 당시 일본의 해운왕으로 군림했던 미쓰비시 회사도 몇십 척 단위의 배밖에 운항하지 못할 때였고, 지금도 1400톤급 배라면 결코 만만한 규모가 아닙니다. 두 나라 사이에 철도가 겨우 놓이던 그 시절에는 정말 대단한 일이었습니다.

거대한 선박 두 대를 이용하자, 소 수출량을 한 달에 1000마리 가까이 늘릴 수 있었습니다. 사업이 제법 안정되자, 최봉준은 성진에 큰 소가죽 무역상을 차렸습니다. 큰 배가 있어도 크고 무거운 소를 일일이 러시아까지 수송하려면 운항비가 꽤 들었기 때문에, 고기가 상할 염려가 없는 겨울철에는 원산과 성진에 마련한 도축장에서 소를 잡아 고기만 블라디보스토크로 보내고 가죽은 따로 손질해 수출했습니다. 그러자 유통 체계가 효율적이 되어 이익이 더 늘어났습니다.

나는 조선인이다!

최봉준은 자타가 인정하는 조선 최고의 선박왕이 되었습니다. 조상에게 물려받은 재산 하나 없이 오직 맨손으로 우뚝 서서 나라도 갖지 못한 거대한 선박을 두 척이나 움직이는 조선인 갑부는 최봉준뿐이었습니다. 비록 국적은 러시아로 되어 있었지만, 언제나 자신의 뿌리를 잊지 않았던 최봉준은 나이가 들자 고향 성진에 정착했습니다.

한편 일본은 1875년 운요호 사건을 시작으로, 조선과 강제로 강화도조약을 맺고는 군대를 조선에 상륙시키는 등 야금야금 조선을 먹어들어갔습니다. 이를 막으려는 청나라와 전쟁을 일으켜 이긴 일본은, 러시아가 도전해 오자 러시아와도 전쟁을 일으켰습니다.

'차라리 러시아가 이겨라! 아무렴, 저 일본 놈들보다는 낫겠지.'

최봉준은 노골적으로 식민지 야욕을 보이는 일본의 만행에 큰 반감을 갖고 있었습니다. 그러나 러시아와의 전쟁에서도 이긴 일본은 이제 거칠 것이 없어지자 다음해인 1905년, 조선의 외교권을 빼앗고 서울에 통감부를 설치하는 을사조약을 발표했습니다.

'차라리 다 그만두고 연해주로 돌아갈까?'

최봉준은 분노로 치를 떨었지만, 일단은 냉정하게 사업을 지켜 가기로 마음먹었습니다. 하지만 1907년 6월 을사조약의 부당성을 다른 나라에 알리기 위해 고종 황제가 헤이그에 밀사를 파견했다가 강제로 퇴위당하자, 최봉준은 더 이상 참을 수가 없었습니다.

'더는 못 참겠다. 아무리 장사치라지만, 그전에 조선인이다!'

즉시 블라디보스토크로 돌아간 최봉준은 재산을 털어 1908년 2월 우리말로 된 최초의 해외 신문 〈해조신문〉을 창간해 본격적인 항일 운동에 뛰어들었습니다. 「시일야방성대곡」으로 유명한 장지연 선생을 논설위원으로 초빙하고, 뜻 있는 교포들을 기자로 모집해 매일같이 격렬한 항일 구국 논설을 실었지요. 또 동포들의 교육과 계몽에

앞장서고 나라 안팎의 의병 활동을 상세히 소개하면서 일제의 만행을 조목조목 비판하여 민족의 독립 정신을 드높였습니다.

그러자 일본 통감부는 러시아에서 찍은 〈해조신문〉이 조선 각지로 전달되는 보급로를 막고 신문을 압수하는 한편, 러시아 당국에 압력을 넣어 한인 독립운동을 꺾으려 했습니다. 그로 인해 〈해조신문〉은 3개월 만에 75호를 마지막으로 폐간되고 말았습니다.

뿐만 아니라 일제는 최봉준을 직접 압박했습니다. 온갖 트집을 잡아 그의 배가 더 이상 조선에 들어오지 못하게 하고, 거래처에 압력을 넣어 사업을 방해했습니다. 최봉준은 넘어가지 않으려 안간힘을 썼지만 결국 파산하고 말았습니다.

"이놈들! 내가 질 줄 아느냐? 싸움은 이제부터다!"

최봉준은 〈해조신문〉의 뒤를 이은 신문 〈대동공보〉를 후원하고, 1910년 조선의 국권이 뺏기려 하자 시베리아 신한촌에서 한인들과 애국 모임인 '성명회'를 만들고 조선 독립을 주장했습니다.

그 후로도 최봉준은 연해주로 건너온 독립운동가들을 적극 후원했습니다. 연해주에 간 독립운동가들 중에 그의 신세를 지지 않은 사람이 드물 정도였습니다. 1917년 러시아 혁명이 일어난 후 고려족 중앙총회 임원으로 활동했으나, 애석하게도 그 후의 소식은 전해지지 않고 있습니다.

불멸의 사나이

오늘날 우리나라는 몇만 톤급 선박도 자유자재로 만드는 세계 1위의 조선(물건을 실어 나르는 배) 강국이 되었지만, 선박왕 최봉준을 기억하는 사람은 거의 없습니다. 지금의 우리에겐 멀리 떨어진 함경도에서 일어났던 일 탓이기도 하고, 우리가 러시아 연해주의 한인들을 잊고 있는 탓이기도 합니다.

최봉준이 살았던 시기에 이완용처럼 일제에 빌붙어 부유해진 조선인 부자들도 있었습니다. 일본의 식민지 정책을 적극적으로 이용해 최봉준보다 더 많은 돈을 번 사람도, 더 훌륭한 배를 가진 부자도 생겨났지요. 하지만 대다수 동포들은 일제의 가혹한 수탈로 굶어죽고 전쟁터로 내몰려 비참하게 죽어 갔습니다.

고향을 떠나 춥고 삭막한 이국 땅에서 꿋꿋이 살아가다 거대한 함선을 이끌고 나타난 최봉준. 조선 최고의 선박왕이었던 그는 모든 사람이 부러워할 만큼 엄청난 부를 이룩했지만, 그 부를 누리기보다 늘 나라와 동포들을 걱정했습니다. 그는 재물보다도 더욱 소중한 것이 무엇인지 알고 있었습니다. 돌아갈 곳이 있다는 것과 없다는 것, 뿌리가 있다는 것과 없다는 것. 그것은 아마 겪어 본 사람만이 뼈저리게 아는 것일지도 모릅니다.

조선의 경제 성장을
방해한 쇄국 정책

    우리나라는 18세기 말까지만 해도 경제적·사회적으로 큰 발전을 이루었지만, 19세기 말 서구 열강의 침입에 무너지더니 결국 일제의 식민지가 되고 말았습니다.

    어째서일까요? 많은 원인이 있었지만 그중에서도 가장 큰 원인은, 당시의 조선 사람들이 쇄국 정책에 갇혀 시대의 큰 흐름을 내다보지 못했기 때문일 것입니다.

    조선의 지배층은 안으로는 유교 논리로 나라를 다스리고, 밖으로는 쇄국 정책을 고수해 외부의 위협으로부터 나라를 지켰습니다. 덕분에 조선은 무려 500여 년이나 질서를 유지할 수 있었지요.

    그러나 한편으로 상업을 억압하고 외국과의 물자나 기술의 교류를 막아, 결국 조선의 경제 발달에는 도움이 되지 못했습니다. 시간이 흐를수록 백성들은 변화와 발전을 원했지만, 지배층은 그 변화를 억누르고 자기들의 특권을 지키는 데만 급급했지요.

    우리가 쇄국 정책을 펴는 동안 서양의 여러 나라들은 신항로 발견과 산업혁명으로 급격한 경제 성장을 이루고, 아시아와 아프리카의 자원과 인력을 훔치기 위해 식민지를 넓히고 있었습니다.

　일본은 일찍이 15세기부터 포르투갈·네덜란드 상인들과 교류하며 조금씩 세계에 눈뜨다가, 19세기 중반 미국과의 통상을 계기로 '메이지 유신'이라는 대대적인 개혁을 단행했습니다. 근대화에 성공한 일본은 이후 눈부신 경제성장을 거듭해, 그후 백년 넘게 아시아 제일의 강대국으로 자리매김할 수 있었습니다. 반면 우리는 빠르게 변화하는 시대 흐름에 미처 대처하지 못하고 식민지 지배와 전쟁으로 고통을 겪었습니다.

　나라 간에 이뤄지는 보호와 개방은 매우 어려운 문제입니다. 오늘날에도 보호와 개방은 FTA(국제자유무역협정)처럼 서로 장단점을 가지고 있습니다. 보호와 개방을 어떻게 조화시키는가가 지금도 큰 숙제로 남아 있습니다.

◎ 이승훈 (1864~1930)

청일전쟁 · 러일전쟁 등 구한말의 혼란 속에서도 유기 공장을 일으켜 민족자본을 육성한 사업가. 도산 안창호의 연설에 감명받아 오산학교 등을 세우고 신민회에도 참여해 1919년 3 · 1운동 때 민족 대표 33인에 나서는 등 활발한 독립운동을 펼쳤다. 1962년 건국훈장 대한민국장에 추서되었다.

◎ 우리 민족의 경제적 구국운동 역사

조선

1889년 • 방곡령, 일본에 지나친 곡물 수출을 금지한 법안 통과, 곧 철회

1887,1890년대 • 서울 상인들, 외국인 상점 철시를 요구하며 시위

1890년 • 외국의 큰 상권에 맞서 해운 · 철도 · 광업에서 근대적 주식회사 설립

1896년 • 최초의 조선은행 설립, 곧 폐쇄

1896~1899년 • '독립협회', 우리나라의 철도 · 광산 · 산림에 대한 권리 보호 주장

1904년 • '보안회', 일제의 황무지 개간권 철회시킴

1907년 • 국채보상운동, 전 국민이 돈을 모아 일본에 진 나라 빚을 갚는 운동

일제 시대

1920년대 • 물산장려운동, 국산품을 애용해 경제적으로 자립하자는 운동

1930년대 • 노동쟁의, 일본 회사의 착취와 횡포에 반대한 노동자 운동

대한민국

1998년 • IMF 금모으기 운동, IMF 때 국민들이 금을 모아 외화를 마련하자는 운동

민족의 스승이 된 큰 상인

이승훈

이승훈

민족의 스승이 된 큰 상인

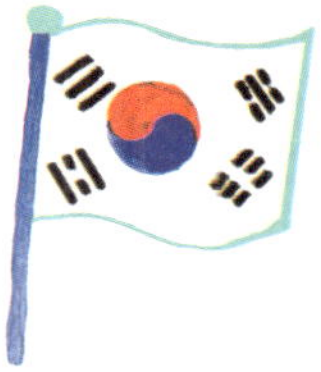

혁명의 별 아래에서 태어난 아이

“아저씨, 왜 그렇게 놋쇠를 땅땅 두들기나요?”

“…….”

“그릇 하나 만드는 데 놋쇠가 얼마나 들어가지요?”

승훈이 계속 묻자, 유기청 기술자가 퉁명스레 대꾸했습니다.

“야, 쇳물 튀니까 저리 비켜!”

기술자는 일도 바쁜데 조그마한 승훈이 졸졸 따라다니며 묻는 것이 귀찮았습니다. 승훈은 자신의 행동을 반성하고, 한구석에 서서 눈을 동그랗게 뜨고 기술자의 모든 행동을 지켜봤습니다. 승훈을 멀리서 지켜보던 주인 임일권의 얼굴에는 흐뭇한 미소가 퍼졌습니다.

“저 녀석, 무슨 일에든 열성이죠. 뭐가 돼도 크게 될 놈이에요.”

누군가의 말에 임일권은 고개를 연신 끄덕이며 담뱃대의 재를 털었습니다. 그러자 승훈이 언제 봤는지 쪼르르 달려와서, 재떨이 화로를 가져가 탈탈 비우고 다시 갖다 놓았습니다.

열 살 승훈이는 청정 제일의 놋그릇 상인 임일권의 방사환입니다. 방사환은 방 청소, 부엌에 불 넣기, 주인의 재떨이와 요강 비우고 닦기, 그 밖에 각종 잔심부름을 해야 했습니다. 임일권은 오갈 데 없는 고아라고 해서 승훈을 맡았지만, 몇 달 지나지 않아 승훈이 없으면

생활이 불편해질 만큼 맡은 일을 야무지게 잘 해냈습니다.

1864년, 나라에는 큰 별이 하나 지고 또 다른 큰 별이 떴습니다. 진 별이란 그 해에 사형당한 동학 교조 최제우를 말하고. 새로 뜬 별이란 같은 해에 태어난 남강 이승훈을 말합니다.

이승훈은 평안북도 정읍에서 몰락한 양반가의 아들로 태어났습니다. 태어난 지 여덟 달 만에 어머니가 돌아가시자, 가족들은 승훈이 여섯 살 되던 해에 납그릇의 산지로 유명한 납청정으로 이사를 갔습니다. 그러나 승훈이 열 살 되던 해에 아버지와 할머니마저 차례로 돌아가시고 말았습니다. 할머니는 살아 계실 때 늘 이렇게 말씀하셨습니다.

"뭐든 일을 해야 밥이 나오지. 그러니 밥을 잘 먹으려면 뭐든 열심히 해야 한다."

승훈은 그 가르침을 따라 무엇이든 열심히 했습니다. 주인 임일권은 그의 성실함을 눈여겨보고 승훈에게 유기장 일이며 장부 정리하는 법, 상업 문서 쓰는 법 등을 가르쳐 주었습니다.

주인은 공장에서 만든 유기 제품을 사랑채에서 도매(여러 개를 묶어서 파는 것)로 팔았기 때문에, 평안도와 함경도 각지의 상인들이 오가며 주인집의 사랑채에서 온갖 정보를 나눴습니다. 승훈은 여기서 잔심부름을 하며 각 지역의 정세와 문물, 장사하는 법 등을 귀동냥으로 배웠습니다. 또 틈나는 대로 유기 공장을 드나들며 유기 만드는 법과 공정, 공장 운영 과정 등을 익혔습니다. 이렇게 배우는 데 열심이자, 유기 기술자들도 승훈을 차츰 받아들였습니다.

　　"왜 놋쇠를 때리느냐고 물었지? 쇠가 질겨지라고 때리지."

　　두들기던 놋쇠에 금이 가는 걸 보고 승훈이 또 물었습니다.

　　"그건 왜 버리나요?"

　　"쇠가 나빠서 금이 갔어. 다시 녹여서 쓸 수밖에 없단다."

몇 년 동안 지켜보면서, 승훈은 놋쇠가 깨지는 것은 단지 쇠가 나빠서가 아니라 구리와 납의 혼합 비율이나 불순물이 섞이는 것과 관련이 있다는 것을 깨달았습니다. 납의 비율을 4할로 높이면 더 단단한 놋쇠가 나온다는 것을 알고, 놋쇠 몇 근에 놋그릇 몇 벌이 나오는 것까지 정확히 계산해 냈습니다. 승훈의 이야기를 들은 주인과 기술자들은 그를 기특하게 여기고, 전보다 더 좋은 유기를 만들 수 있었습니다.

바람 따라 구름 따라

'유기'라고 부르는 놋그릇에는 여러 가지 좋은 성분이 있어 밥을 잘 쉬지 않게 할 뿐만 아니라 잡균을 소독하는 기능도 있습니다. 슬기로운 우리 조상들은 놋을 식기뿐만 아니라 숟가락·대야·요강 등 생활 전반에 폭넓게 사용했습니다.

17세기 중엽 이후 주화인 상평통보가 보급되면서 동의 수요가 급격히 늘어나자, 평안도와 함경도 일대에 동 광산이 개발되었습니다. 동이 흔해지자 유기를 만드는 수공업도 같이 발전해서, 승훈이 살던 때에는 주문을 받아 생산하는 방식이 자리 잡은 지 오래였습니다.

승훈은 열다섯 살 되던 해에 독립해 놋숟가락을 내다파는 보부상이 되었습니다. 보부상이란 장신구나 인삼처럼 가볍고 비싼 물건을 팔던 '보상'과, 솥이나 소금처럼 무겁고 싼 일용품들을 등에 짊어지고 다니던 '부상'을 합친 말로, 돌아다니며 물건을 파는 행상을 말합니다. 보부상은 개성상인이나 의주상인처럼 큰 조직과 자본을 갖지는 못했지만, 도시와 농촌을 이으며 상품을 유통시키는 데에 주도적인 역할을 했습니다. 지방에는 5일마다 장이 섰는데, 각 마을마다 장이 서는 날짜가 달라 지역 전체로 보면 날마다 장이 서는 것이나 다름없었습니다. 보부상의 주된 일터는 바로 마을 장터였지요.

'이 부근엔 나 말고도 주인어르신의 물건을 받아서 파는 보부상들이 많아. 똑같은 조건에서 얼마나 장사를 잘 하느냐는 남들보다 얼마나 빨리 장터를 도느냐에 달려 있다.'

승훈은 눈이 오나 비가 오나 부지런히 움직여 남들보다 먼저 도착해 좋은 자리를 차지해 물건을 팔고 다음 장터로 향했습니다. 그는 다른 보부상들이 잘 안 가는 지역, 특히 유기 공장과 판매상이 드문 황해도 일대까지 구석구석 돌며 부지런히 유기를 팔았습니다.

"그 유명한 청정 놋그릇을 여기까지 와서 팔아 주니 고맙구먼! 정말 질이 좋네그려."

황해도 사람들이 기뻐하자 승훈도 어깨가 으쓱해졌습니다. 승훈은 유기뿐 아니라 그 지역 사람들에게 필요한 약이나 물건들도 사와 팔았습니다. 장사의 규모는 갈수록 커졌습니다. 처음에는 짐을 등에 짊어지고 다녔으나 곧 나귀에 싣고 다녔고, 이제는 소달구지에 싣고 다니게 되었습니다.

"지금 돈이 없어서 그런데, 나중에 목화로 갚으면 안 될까?"

가끔 이런 부탁을 하는 사람들도 있었는데, 승훈은 흔쾌히 승낙했습니다. 황해도 재령평야에서 나는 목화는 전국적으로 유명해 돈 대신 받은 목화를 평양이나 정주에 팔면 큰 이익을 남길 수 있으니까요. 조선 시대에는 혼인할 때 새 솜으로 이불과 요를 만들었기 때문에 목화의 수요가 많았습니다.

그가 활동했던 황해도와 평안도에 걸친 서북 지역은 중국과 가까워 승훈은 일찍부터 서구 문물과 사상을 접할 수 있었습니다. 덕분에 개화 정신과 계몽 사상에 일찍 눈을 떠서 다양한 분야의 사람들과 교류하면서 세상 보는 견문을 넓혀 갔습니다.

첫 사업의 성공과 실패

9년 동안 그렇게 떠돌며 돈을 모은 끝에, 승훈은 스물네 살이 되던 해에 드디어 청정에 유기 상점을 차릴 수 있었습니다. 그러나 청정은 유기의 도시답게 근처에 비슷한 유기 도매점이 많았습니다.

'남의 공장 물건을 받아다 파는 것만으로는 한계가 있어. 차라리 내가 직접 만들어 팔자.'

하지만 공장을 세울 만한 큰돈은 없었기 때문에 궁리 끝에 평안도에서 제일가는 부자 오희순을 찾아갔습니다. 오희순의 집안은 대대로 무역을 해서 돈이 많아 이자를 받고 다른 상인들에게 돈을 빌려 주곤 했습니다.

"유기 공장을 해보려고 합니다. 다달이 이자를 갚을 테니 돈 좀 빌려 주십시오."

이승훈이 부탁하자, 평소 그의 성실성과 남다른 사업 재능을 소문으로 전해 들었던 오희순은 두말 않고 어음을 써주었습니다.

이제 사업 밑천도 마련했고, 어떤 공장을 만드느냐는 문제만 남았습니다. 예전부터 그가 다니던 유기 공장은 모두 어둡고 숨 막히고 시끄러운 곳이었습니다. 유기 공장 노동자들은 햇빛도 공기도 통하지 않는 공장에서 온갖 매연을 마시며 하루 종일 펄펄 끓는 쇳물과 씨름해야 했습니다.

'그런 곳에선 나라도 일하기 싫어. 먼저 내가 일하고 싶은 공장을 만들자.'

승훈은 먼저 공장을 햇빛과 바람이 잘 들어오도록 지었습니다. 그리고 매일 깨끗하게 청소하고, 기술자들에게 적당한 휴식 시간을 보장해 주었습니다. 일을 잘 하는 사람에게는 임금을 올려 주고 늘 천대받던 장인들을 깍듯하게 대우했지요. 그러자 작업 능률이 크게 올라 더 좋은 유기를 만들 수 있었습니다. 승훈네 유기 제품은 손님들에게도 인기가 좋아 얼마 후에는 평양에 지점을 낼 수 있었습니다.

그러던 어느 날, 청천벽력 같은 일이 일어났습니다. 1894년 청나라와 일본 사이의 전쟁이 애꿎은 우리 땅에서 벌어져 죄 없는 우리나라 사람들이 엄청난 피해를 입은 것입니다. 청일전쟁의 무대였던 함경도와 황해도는 물론이고, 최대 격전지가 된 평양은 도시 전체가 완전히 쑥대밭이 되었습니다. 전쟁이 끝난 1895년 피난지에서 돌아오자, 승훈의 상점도 소중한 공장도 모조리 파괴되어 있었습니다. 게다가 그 틈을 타고 일본군을 따라 들어온 500여 명의 일본 상인들이 조선 사람의 빈집을 차지하고는 장사판을 벌이고 있었습니다.

이승훈은 눈앞이 아득해졌습니다. 30여 년 동안 갖은 노력 끝에 이룬 것이 전부 잿더미로 변한 것입니다. 오희순의 빚도 다 못 갚고, 이제 사업이 겨우 자리를 잡았는데, 전부 잃고 만 것입니다.

그는 비통한 심정으로 오희순을 찾아가 머리를 숙였습니다.

"송구합니다. 당분간은 힘들겠지만 얼마가 걸리더라도 이 빚은 꼭 다 갚겠습니다."

그동안 빌린 돈과 이자를 꼼꼼히 적은 장부를 오희순에게 보이며 몇 번이나 다짐했습니다. 오희순은 그런 승훈에게 오히려 감탄했습니다.

"이제껏 많은 사람들에게 돈을 빌려 주었지만, 모두들 이번 난리통에 숨어 버리고 그림자조차 얼씬 않네. 이 와중에 자네가 날 찾아와 준 것도 고마운데 이렇게 장부까지 소상히 뽑아 오다니……. 좋아, 자네 빚은 모두 탕감해 주지! 내 힘 닿는 대로 도와주겠네."

이승훈은 사업을 다시 일으킬 수 있었습니다. 다른 경쟁자들은 자금이 없어 부서진 공장을 일으킬 엄두도 내지 못할 때, 평안도 거부 오희순의 강력한 지원 덕분에 누구보다 빨리 납청정 유기 공업을 일으킬 수 있게 된 거지요. 마침내 유기 사업을 독점하다시피 하게 된 그는 판매망을 넓혀, 평양은 물론 개항 이후 외국 문물이 들어오는 진남포에도 점포를 세웠습니다.

몇 해가 지나자 이승훈은 70만 냥이란 거금을 움직이는 평안도 최고의 거상이 되었습니다. 그는 여기서 그치지 않고 당시 인기를 끌던

석유를 비롯해 지물·도자기·건축 자재·면초·일용 잡화 등을 수입하는 종합무역상사를 차렸습니다. 또한 철도가 개통되고 외국 선박이 들어오리라는 걸 알고 운송업에도 뛰어들었습니다. 그가 서울과 평양에 설립한 운수회사는 우리나라 최초의 운수 사업이라 할 수 있습니다. 수출입 항구가 있는 인천에서 황해도와 평안도로 공급되는 수입품들은 모조리 그의 손을 거쳤습니다.

이제 이승훈은 평안도뿐 아니라 서울에까지 영향을 미치는 거부가 되었습니다. 그가 어떤 물건을 샀다 하면 값이 오르고, 내놓으면 값이 떨어질 정도였습니다.

'사업이란 참 재미있군. 세상엔 정말 흥미로운 일들이 많구나.'

사업에 대한 의지와 의욕이 넘쳤던 이승훈은 늘 새로운 기회를 놓치지 않고 투자해 막대한 이득을 거두었습니다. 이런 그에게도 조금씩 먹구름이 드리워졌습니다.

어느 날, 이승훈의 돈 1만 냥을 실은 배가 목포 앞바다에서 일본 영사관 소속 배와 충돌해 그만 침몰하고 말았습니다. 이승훈은 일본 영사관을 상대로 손해배상청구 소송을 냈지만, 정치적 힘이 없었던 조선 정부는 그를 도와줄 수가 없었습니다. 이로 인해 이승훈은 큰 손해를 보았습니다.

'이럴 수가! 나라가 힘이 없으니 또 당하는구나.'

이승훈은 1904년 러시아와 일본 사이에 전쟁이 터지자 군수품 특수를 노리고 수수·명태·소가죽 등을 사고팔았지만, 이 역시 실패하고 말았습니다. 그 뒤로도 다른 사업을 계속 시도했지만 냉정을 잃은 탓인지 하는 일마다 꼬였습니다. 이승훈은 사업을 하면 할수록 시대와 나라가 얼마나 중요한지 뼈저리게 느꼈습니다. 국권이 없으면 아무리 큰 부자라도 제대로 일을 할 수도, 힘을 쓸 수도 없었습니다. 국민을 보호해 줄 나라가 없다는 것은 그런 것이었습니다.

두 번째 사업 실패, 그리고 희망

한때 나라를 흔들 만큼 대단한 부자였던 이승훈의 사업 기세는 1905년 일본과 을사조약을 맺을 무렵 급격히 꺾였습니다. 한번 보기 시작한 손해는 걷잡을 수 없이 커져, 종합무역상사는 끝내 파산했습니다. 설상가상으로 그의 사업 원천이었던 유기점마저 청일전쟁 때 평양을

치고 들어온 일본 거대 상권에 밀려 문을 닫고 말았습니다. 고향으로 내려간 이승훈은 깊은 상심에 잠겼습니다.

'내가 악착같이 일해서 사업을 성공시키면 어째서 전쟁은 하루아침에 모든 것을 다 빼앗아 가는 걸까? 다시 강철 같은 의지로 회복해 놓으면, 왜 또다시 흩어져 버리는 걸까?'

비관에 빠진 그는 세상이 원망스럽고 모든 것이 허무했습니다. 이제 그의 나이 마흔하나. 다시 시작하기에는 예전처럼 젊지도 않고 힘도 없었습니다. 그 동안 나라는 또다시 일본에 무릎을 꿇었고, 고종은 강제로 왕의 자리를 뺏기고 말았습니다. 청나라와 일본이 전쟁하던 때 이승훈의 나이는 서른한 살이었고, 러시아와 일본이 전쟁하던 때에는 마흔한 살이었습니다. 10년 사이에 다른 나라들이 우리나라에서 싸우는 것을 두 번이나 보았는데, 이제는 일본에게 그 나라마저 빼앗기게 된 것입니다. 그러한 나라의 상황이 마치 자기 신세 같아서 이승훈은 더욱 서러웠습니다.

그러던 어느 날, 이승훈의 인생에 또 한 번의 전환점이 왔습니다. 1907년 여름 평양에 갔을 때 길거리에서 우연히 안창호 선생의 '교육 진흥론' 연설을 듣고 큰 감명을 받은 것입니다.

'그래, 내가 이런 실패를 맛보게 된 이유는 무엇보다 나라가 힘이 없기 때문이야. 내가 바로 서려면 나라가 바로 서야 해!'

이승훈은 즉시 상투를 자르고 술과 담배를 끊었습니다. 그리고 안창호 선생의 뜻을 좇아 교육과 산업 발전이 국권을 회복하는 데 가장 중요하다 여기고, 강명의숙과 오산학교를 세워 신학문을 가르쳤습니다. 또 안창호 선생이 이끄는 비밀 결사 단체인 신민회에 가입하고 독립운동에도 뛰어들었습니다.

이승훈은 오산학교 운영은 물론 평양과 서울에 '태극서관'이라는 출판사를 차리고 신지식을 소개하는 서적도 널리 보급했습니다. 또한 뜻 있는 사람들과 힘을 합쳐 1908년 '평양자기회사'라는 민족 자본 도자기 회사를 세우고 자기를 만들어 팔았습니다.

평생 놋그릇을 팔았던 이승훈이 사기그릇 장사를 하게 된 것은 효능은 좋지만 비싸고 관리가 까다로운 놋그릇보다 값싸고 녹슬 염려가 없는 사기그릇이 더 많이 쓰였기 때문입니다. 자기의 시대가 왔다면 우리 자본, 우리 기술로 만든 자기를 팔아 민족 자본을 키우고 싶었습니다. 사업은 한때 꽤 잘 되었지만, 1910년 국권을 빼앗긴 뒤로 일본 사기업체들의 대대적인 공세에 시달리다 결국 문을 닫고 말았습니다.

그 뒤 이승훈은 한국과의 교역을 원하는 이탈리아인 파마와 함께 인천에 '파마양행'을 세워 무역을 할 계획이었으나, 사업을 준비하던 중 독립운동 사건으로 투옥되는 바람에 계획이 무산되고 맙니다.

인재를 길러 나라를 살리다

이승훈은 여러 사업에서 나오는 이익금으로 오산학교를 운영하면서 도산 안창호의 실력양성론을 자신의 삶 속에서 실천해 나갔습니다. 나라를 잃게 된 원인을 면밀히 살펴본 결과, 조선에 새 시대를 이끌 인재들이 적었다는 사실을 깨달았던 것이지요.

'지금 나라의 형편은 날로 기울어져 가는데 그저 앉아만 있을 것인가? 지금 무엇보다 중요한 것은 교육이다.'

이승훈은 아무것도 배우지 못한 상태에서는 그 어떤 투쟁도 효과를 거둘 수 없다고 생각했습니다. 먼저 배우고 깨우쳐야 무슨 일이든 준비할 수 있다고 생각한 것이지요. 그는 일반인들의 개화를 적극 지지해서 '생활 태도의 개화, 마음을 새롭게 하는 개화, 각자의 힘과 생명을 새로이 하는 개화'를 주장했습니다.

누군가 그에게 물었습니다.

"일본도 똑같이 개화를 외치고 있지 않습니까? 선생님의 말씀과 뭐가 다릅니까?"

"외세에 의지한 개화는 결국 가짜입니다. 그것만 좇는 것은 결국 일본의 압제를 인정하는 꼴입니다. 우리의 주체 의식을 바탕으로 교

육과 경제를 일으켜 스스로 일어나야 합니다!"

　이승훈은 평안북도 지방의 여러 기업들과 함께 신민회를 재정적으로 후원했습니다. 이 기업들은 단순히 상품을 사고파는 게 아니라 수백 명의 주주들로 구성된 순수한 민족 자본 주식회사였습니다.

　이처럼 우리나라의 독립을 위해 힘을 쏟은 이승훈을 눈엣가시로 여긴 일본은 1911년에 그를 붙잡아 3개월 동안 온갖 고문을 가했습니다. 하지만 죄를 덮어씌울 수 없자, 일제는 엉뚱한 강도강간미수죄를 적용해 제주도 유배 2년형을 선고했습니다. 그것으로도 성이 안 찼는지, 6개월 후인 10월에는 105인 사건에 연루되었다며 서울로 끌고 갔습니다.

신민회

태극서관

독립운동가들을 일제히 잡아들이기 위해 일본은 일본 총독 암살 미수 사건을 조작해 신민회 임원을 포함해 무려 600여 명을 체포했습니다. 그중 105명에게 실형을 선고했는데, 대부분 상공업자·언론인·출판인·의사 등 당시 민족 운동의 주축이었던 지식인들이었습니다. 그들은 고문을 받아 불구가 되거나 죽어 갔습니다. 이승훈도 만신창이가 되어 쉰다섯 살에나 풀려 나올 수 있었습니다.

"선생님, 많은 민족 지도자들이 일제의 탄압을 피해 연해주나 상하이로 망명한다고 합니다. 선생님도 그곳으로 몸을 피하시는 것이 어떻겠습니까?"

보다 못한 제자들이 이승훈을 안전한 곳으로 피신시키려 했지만, 이승훈은 "그분들은 밖에서 할 일이 있고, 나는 안에서 할 일이 있다. 교육은 바로 우리 안에서 이루어져야 해" 하며 옹골차게 자신의 뜻을 펴나갔습니다. 이승훈은 1919년 3·1 운동의 민족 대표 33인으로 나섰다가, 33인 중에 최고형을 받고 다시 서대문 형무소에 갇혔습니다.

불우한 시대에 살아 있던 희망

많은 이들이 심한 고문을 이기지 못하고 일제에 협력하겠다고 서약할 때도 이승훈은 뜻을 굽히지 않고 독립운동을 계속했습니다. 그러나 1930년 건강이 급속도로 나빠져 끝내 조국이 해방되는 것을 보지 못하고 아깝게 숨을 거두고 말았습니다. 적지 않은 나이에 온갖 고문을 당하고 총 9년에 걸친 감옥 생활로 기력이 몹시 쇠약해진 탓이었습니다. 죽을 때 이승훈은 "내 뼈를 표본으로 만들어 학교에 보관해 사랑하는 학생들과 교육자들에게 보여 주시오"라고 유언했지만, 총독부의 방해로 뜻을 이룰 수 없었습니다. 일본은 그를 기린 묘비문을 쪼개 땅에 묻어 버렸고, 제자들이 스승의 뜻을 기려 세운 동상마저 1942년 전쟁에 쓰겠다며 강제로 가져가 버렸습니다. 먼 훗날 그의 제자들은 동상을 다시 세웠습니다.

이승훈은 19세기와 20세기 초 우리나라의 좌절과 극복을 한 몸에 끌어안은 인물이었습니다. 가장 험난했던 시대에 나라가 짊어져야 할 무거운 짐을 몸소 짊어지며 살았습니다. 아무것도 없이 맨손으로 일어서 오직 노력만으로 큰 성공을 거뒀으나 나라가 쓰러지면서 같이 쓰러졌고, 이후 자신의 모든 삶을 독립운동에 바쳤습니다. 그를 기린 묘비에는 "20년 동안 살고 죽고 또 살고 죽었다(二十年間且生且死)"라고 쓰여 있습니다.

어려울 때 다시 일어나는 용기, 온갖 고난 속에서도 가치 있는 것을 찾고자 하는 자세, 목표를 정하고 스스로 실천하며 사는 삶이 어떤 것인지, 그리고 그런 삶이 얼마나 아름다운지, 남강 이승훈은 우리에게 보여 주고 있습니다.

권력에 흔들린 상인들,
보부상의 빛과 그림자

　먼 옛날부터 우리나라 상인들은 등이나 머리에 짐을 지고 이곳저곳을 돌아다니며 장사했습니다. 조선 시대에는 이들을 '보부상'이라 불렀는데, 이들은 전국 각지에서 조직을 만들어 서로 도우며 어려움을 이겨 냈습니다.

　보부상의 단결력과 조직력은 나라의 위기 때에도 빛났습니다. 임진왜란 때에는 선조의 피난길을 도왔고, 병자호란 때에는 전국의 보부상 조직이 조정을 도와 군량미와 무기를 운반했습니다.

　이처럼 보부상은 조정을 돕고, 조정은 보부상의 이익과 사업권을 지켜 주면서 점차 밀접한 관계를 맺게 됩니다.

　그런데 보부상은 자신들이 가진 권력을 지키기 위해 조금씩 변해 갔습니다. 조선 말기에 부산항을 개항한 후 외국 상인들이 물밀듯 밀려들자, 고종은 '혜상공국'이라는 기관을 만들어 보부상을 보호하려 했습니다. 그러자 기세등등해진 보부상들은 백성들의 논밭을 함부로 빼앗고 상도덕을 어지럽히며 횡포를 부렸습니다.

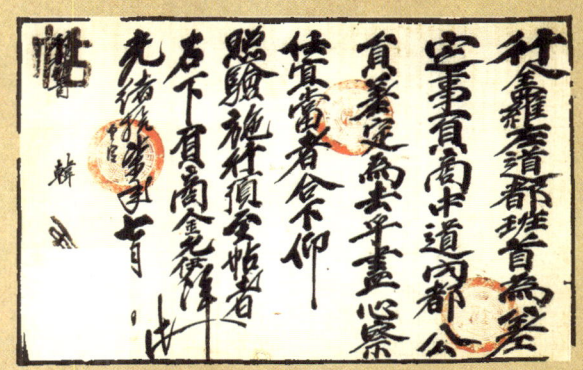
조선 시대 보부상 임원이 됨을 알리는 임명장

부패한 탐관오리에 맞서 농민들이 일어났을 때도 보부상은 조정의 편이 되어 동학 농민군을 가혹하게 탄압했습니다. 이때 농민군의 요구 중에는 보부상의 횡포를 금지하라는 조항도 있었습니다.

보부상 중에는 이승훈 같은 애국 상인도 있었지만, 권력을 이용하고 권력에 이용당하며 사회적으로 물의를 일으키고, 심지어 독립운동을 방해하는 사람도 있었습니다.

보부상은 자기 노력 없이 권력에만 기대어 이득을 얻으려 했기 때문에 개항 후 새롭게 나타난 경제 변화에 적응하지 못했고, 후에는 일제의 탄압을 받아 사라지고 말았습니다.

◎ **최남** (1895~?)

가난한 집에서 태어나 온갖 고생을 한 끝에 우리나라 사람으로는 최초로 백화점을 세운 사업가. 비록 오래 유지하지는 못했지만, 일제 식민지 현실에서도 독창적인 아이디어와 획기적인 판매법을 개발해 현대 경영인의 모범이 되었다.

◎ 우리나라의 근대식 공장 발달의 역사

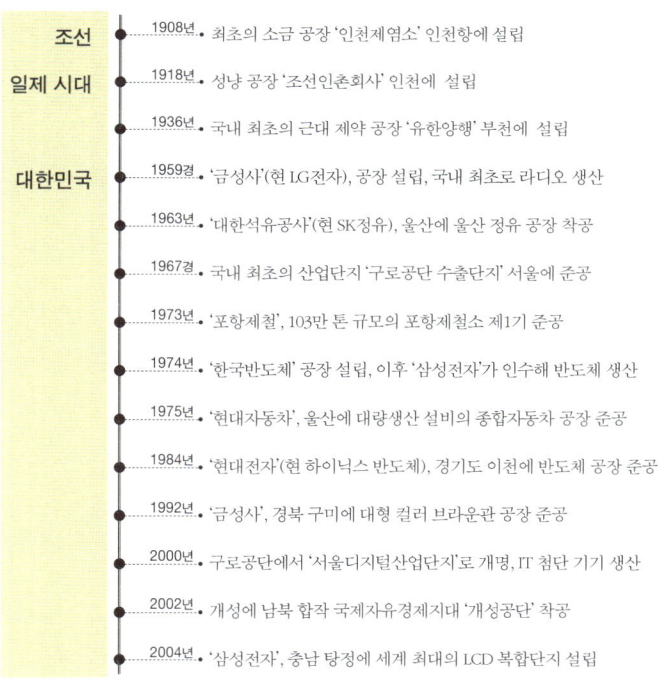

조선	1908년	최초의 소금 공장 '인천제염소' 인천항에 설립
일제 시대	1918년	성냥 공장 '조선인촌회사' 인천에 설립
	1936년	국내 최초의 근대 제약 공장 '유한양행' 부천에 설립
대한민국	1959경	'금성사'(현 LG전자), 공장 설립, 국내 최초로 라디오 생산
	1963년	'대한석유공사'(현 SK정유), 울산에 울산 정유 공장 착공
	1967경	국내 최초의 산업단지 '구로공단 수출단지' 서울에 준공
	1973년	'포항제철', 103만 톤 규모의 포항제철소 제1기 준공
	1974년	'한국반도체' 공장 설립, 이후 '삼성전자'가 인수해 반도체 생산
	1975년	'현대자동차', 울산에 대량생산 설비의 종합자동차 공장 준공
	1984년	'현대전자'(현 하이닉스 반도체), 경기도 이천에 반도체 공장 준공
	1992년	'금성사', 경북 구미에 대형 컬러 브라운관 공장 준공
	2000년	구로공단에서 '서울디지털산업단지'로 개명, IT 첨단 기기 생산
	2002년	개성에 남북 합작 국제자유경제지대 '개성공단' 착공
	2004년	'삼성전자', 충남 탕정에 세계 최대의 LCD 복합단지 설립

최남

백화점을 세우다

아이디어로

아이디어로 백화점을 세우다 **최 남**

넝마주의의 전설

'아, 창피해. 혹시 아는 사람이라도 지나가면 어떻게 하지?'

그는 벌써 몇 번째 주먹을 쥐었다 폈다 했습니다. 입술이 바짝 마르고 가슴은 계속 콩닥콩닥 뛰었습니다.

1915년 경성(서울) 북촌인 권능동의 한 골목. 반듯한 기와집들이 즐비한 골목 한 어귀에 너덜너덜한 옷을 걸치고 다 떨어진 삿갓을 눌러쓴 한 남자가 숨어 있었습니다. 남자의 등에는 큼지막한 망태기가, 손에는 긴 대나무 집게가 들려 있었습니다. 지나가던 아이들이 호기심 어린 얼굴로 쳐다보자, 그는 숨을 크게 들이쉬었다가 힘껏 외쳤습니다.

"고물 삽니다! 넝마 사요!"

그의 목소리가 골목에 쩌렁쩌렁 울리자, 집집마다 아이들이 고개를 내밀었습니다. 아이들은 눈을 반짝이며 헌옷이나 헌 구두를 들고 나왔습니다.

상업은행 동대문지점 은행원 최남. 이제 그는 넝마주이라는 새로운 직업을 하나 더 얻었습니다. 훗날 한국인 최초로 백화점을 세운 사나이의 전설이 시작된 것입니다.

배고픈 시절

최남은 1895년 경기도 양주에서 태어나 두 살 때 아버지를 여의고 홀어머니 밑에서 자랐습니다. 어머니의 노력으로 외아들인 최남은 중학교까지 갈 수 있었지만, 해를 거듭할수록 책값과 학비가 크게 부담되어 결국 학교를 그만두어야 했습니다.

그러나 일자리를 쉽게 구할 수 없자, 외삼촌에게 돈 20원을 빌려 무작정 일본으로 건너갔습니다.

일본은 조선보다 한 발 앞서 서양의 신문물을 받아들이고 산업과 군사력을 키워서 이웃 나라들을 삼키며 경제 몸집을 불리고 있었습니다. 경성밖에 몰랐던 소년은 온갖 신식 건물과 신기한 간판이 넘쳐나는 도쿄 거리를 홀린 듯 구경했습니다.

빌린 돈 20원 중 일본까지 오는 뱃삯과 도쿄까지의 기차 삯을 빼고 나니, 수중에는 딱 8원밖에 안 남았습니다. 여기저기 지리를 익힐 겸 다니다 보니 열흘도 못 되어 4원으로 줄었습니다. 할 수 없이 두부 공장의 배달원 일을 시작했습니다.

먼 이국땅에서 그를 도와줄 사람은 아무도 없었습니다. 한번은 하숙생 셋과 함께 지내며 그들의 밥을 해주는 대신 공짜로 밥을 얻어 먹었습니다. 늘 반찬이 없었기 때문에 세 학생이 먹고 남은 찌꺼기로 배를 채웠는데, 그것조차 없을 때도 있었습니다.

배고픈 것보다도 더 견디기 힘든 것은 일본인들의 멸시와 냉대였습니다. 부자 하숙생들은 자기들이 물건을 잃어버리고도 최남이 훔쳐갔다고 억울하게 덮어씌우곤 했습니다. 그때마다 서러운 눈물이 솟았지만, 이를 악물었습니다.

'괜찮아. 나만 떳떳하면 돼. 힘내자!'

그렇게 악착같이 돈을 모은 끝에, 최남은 이듬해 도쿄 정치학교에 입학할 수 있었습니다. 하지만 정작 공부를 시작하자 다시 암담해졌습니다.

'이건 내가 원하던 공부가 아냐. 난 더 실제적인 도움이 될……
그래, 돈을 벌 수 있는 공부를 원해!'

아무리 원대한 꿈이 있다 한들 뱃가죽이 등짝에 붙을 만큼 굶주리면 살 수가 없으니까요. 어차피 생활비 걱정 없이 평생을 학문에만 몰두할 형편이 아니었습니다. 최남은 정치학교를 그만두고 이듬해 광산 일을 배우기 위해 광산학교로 옮겼지만, 그 역시 8개월 만에 그만두고 귀국했습니다. 이제 최남은 맏아들로서 한 푼이라도 벌어 어머니와 여동생을 돌봐야 했습니다. 학업의 꿈은 접을 수밖에 없었습니다.

악몽의 첫 직장

'콰콰쾅! 우지끈!'

다이너마이트가 터지자, 천지를 뒤흔드는 소리와 함께 돌더미가 우르르 무너져 내렸습니다.

고향으로 돌아온 최남은 황해도 수안에 있는 광산의 야외 사원으로 취직했습니다. 야외 사원이라지만 광부들과 함께 땅굴 속에 들어가서 현장을 정리하고 조사하는 일을 해야 했기 때문에 매우 위험하고 힘들었습니다. 호롱불 하나에 의지해 어두컴컴하고 뜨겁고 공기가 탁한 땅굴 속으로 들어가다 보면, 마치 지옥 한가운데로 들어가는 것 같았습니다. 적성에도 맞지 않고 힘들었지만 꿋꿋이 일하며 월급 15원에서 한 달 음식값 7원을 빼고 8원씩을 꼬박꼬박 저축한 끝에 40원을 모아 그곳을 떠났습니다.

서울로 돌아왔지만 일자리가 마련되어 있던 것도 아니었고, 제대로 된 일을 찾을 수도 없었습니다. 고생해서 모은 돈은 줄어만 가는데, 또 몇 푼의 돈을 벌기 위해 적성에도 맞지 않는 일들을 반복해야 하나 생각하니 한숨만 나왔습니다.

그러다 다행히 삼촌들의 주선으로 상업은행 동대문 지점에 은행원으로 취직할 수 있었습니다. 은행에서는 부동산이나 쌀 또는 포목을 담보로 대출을 많이 해주고 있어 쌀이나 포목 장사하는 사람들과 자주 접한 덕분에 그들의 사업과 관련된 정보를 듣는 일이 많았습니다.

어느 날 넝마전 주인이 은행을 찾아왔습니다. 그 손님은 차림새는 초라했지만 알부자였습니다. 최남은 손님에게 넌지시 물었습니다.

"일하시기 힘들지는 않으세요?"

최
남

211

"힘들긴요. 소쿠리 하나에 튼튼한 두 다리만 있으면 되는 장사인 걸요."

최남은 그 말에 귀가 솔깃해졌습니다.

"정말이요? 어떻게 일을 하시는데요?"

"북촌 같은 데 가면 양반집에서 쓰던 세간이나 부인들의 유행 지난 옷, 값나가는 패물 등이 많이 나오죠. 청진동 근처 요릿집이 많은 곳에서는 값비싼 치마저고리, 비녀나 반지 노리개, 분첩 같은 것도 나오고요. 서대문 밖 애오개 고개부터 남대문 일대까지는 월급쟁이와 노동자들의 값싼 물건이 많이 나와요. 그런 물건을 요긴하게 쓰는 사람들이 많아서 제법 벌이가 짭짤합니다."

요즘처럼 풍족한 시대에는 희미해진 미덕이지만, 그 당시에는 물건이 귀해 중고품이나 헌옷들도 인기가 좋았습니다. 넝마전 주인은 서울 이곳저곳을 다니며 어디서 어떤 물건을 얻어 어디에 갖다 팔면

이득이 되는지를 훤히 꿰고 있었습니다.

　최남은 생각에 빠졌습니다. 은행원 한 달 월급 13원. 방 값과 한 달 생활비를 빼면 남는 것이 거의 없었습니다. 언제까지나 번드르르한 겉치레에만 신경 쓰고 살 수는 없다는 생각이 들자, 결론이 나왔습니다. 미래를 위해 넝마주이가 되기로 한 것입니다.

낮에는 은행원, 밤에는 넝마주이

최남은 낮에는 말끔하게 차려입고 주판알을 튕기는 은행원으로 있다가, 해가 지면 누더기와 망태기를 걸친 넝마주이로 변신했습니다. 처음에는 아는 사람이라도 마주칠까 봐 얼굴에 검댕을 칠하고 큼지막한 삿갓을 뒤집어썼지만, 계속하다 보니 사람들을 붙잡고 좋은 물건을 자기에게 달라고 할 정도가 되었습니다.

　벌이는 짭짤했습니다. 사람들이 헐값에 내놓는 각종 고물 중에는 아직 입을 만한 셔츠며 양복 바지, 뒤축이 닳았지만 고치면 신을 만한 헌 구두들이 꽤 많았습니다. 그냥 팔긴 아깝다는 생각이 들어 누이동생에게 수선을 부탁했습니다. 동생은 어머니의 삯바느질을 도우면서 익힌 솜씨로 깔끔하게 수선해 주었습니다.

　'잘 하면 값을 더 받을 수 있을지도 몰라.'

　수선한 구두를 가져가 시장 아낙네들에게 파니, 헌 구두를 그냥 팔 때보다 훨씬 더 높은 가격을 받을 수 있었습니다. 매일같이 부자 동네 골목을 돌면서 한두 벌씩 나오는 헌 양복을 태평로 근처의 고물상에 팔았더니, 6개월 만에 200원을 저축할 수 있었습니다. 부업이

최
남

213

자리를 잡자, 그는 누이동생에게 중고 재봉틀을 사주며 양복 수선을 부탁했습니다. 또 헌책을 사서 떨어진 책장을 새로 붙이고 다림질해서 헌 책방에 팔았습니다.

대부분의 사람들은 들어가기 어려운 은행에서 월급 오르기만을 기다리며 하루하루 살았겠지만, 최남은 누가 뭐라 하건 부지런히 일감을 찾아 다녔습니다. 넝마주이 장사로 700원을 모으자 이번에는 은행 창고나 폐가, 공사장 등을 돌아다니며 폐물을 사서 되팔았습니다. 이렇게 2~3년 모으자, 몇천 원이 되었습니다.

최남은 그 돈으로 1917년 인사동 입구에 '덕원상회'라는 조그마한 잡화상을 냈습니다. 그가 은행에 나가는 낮에는 누이동생이 가게를 보았고, 퇴근 후에는 자신이 가게를 보거나 나가서 고물을 모아왔습니다.

'가난의 설움은 내가 잘 알지. 가난한 사람들을 위해 더 싸고 좋은 물건들을 갖다 놓자.'

최남은 열심히 일했습니다. 한번 왔던 손님은 얼굴은 물론이고 샀던 물건도 기억해 두었다가 다음에 오면 친절히 맞았습니다. 친근감을 느낀 손님들은 다른 손님들을 데려왔습니다. 손님들은 물건에 대한 생각과 유행 정보도 알려 주었습니다.

"지난번 산 공책은 너무 잘 찢어지더군요. 그것보단 ○○공책이 더 좋아요."

최남은 손님의 말을 듣고 재빨리 ○○공책을 가져다 놓았습니다. 이렇게 손님들이 원하는 물건을 그때그때 갖다 놓자, 매출도 쑥쑥 늘었습니다.

덕원상회가 날로 커지자, 최남은 마침내 은행을 그만두었습니다.

가게를 넓히고 좋은 물건을 확보해 단골손님을 늘리느라 너무나 바빴기 때문입니다. 인사동에서 종로 큰길가로 이전한 덕원상회는 이듬해에 예기치 못한 행운을 만났습니다.

1919년 일어난 3·1운동의 여파로 '국산품을 애용하자', '조선인은 조선 상인의 물건을 사자'는 구호가 삽시간에 퍼지자, 일본 상점으로 향하던 발길이 조선인 상점으로 몰린 것입니다. 덕분에 최남은 종로 2가와 3가에 지점을 두 개나 새로 더 낼 수 있었습니다.

최초의 한국인 백화점을 세우다

3·1 운동이 실패해 비록 독립할 수는 없었지만 일본의 태도에 변화가 생겼습니다. '문화 정치'라는 이름 아래 겉으로는 우리의 전통과 관습을 존중하는 척하고 뒤로는 더욱 심하게 억압하는 교묘한 전술을 쓰기 시작한 것입니다.

일제는 1911년 우리나라의 모든 회사는 조선총독부의 허가를 받아야 세울 수 있고, 회사의 모든 운영도 총독부의 엄격한 감독을 받아야 한다는 '조선회사령'을 내려 우리나라의 경제 활동을 억압했습니다. 그런데 3·1 운동이 있은 후 1920년 4월 1일에 '조선회사령'을 철폐해 형식적이나마 민족 자본이 형성되는 계기가 마련되었습니다.

종로에는 각종 물품을 파는 한국인 상회가 크게 열려 백화점 규모에 한 걸음 다가섰는데, 1920년 종로 2가에 들어선 고려양행은 메리야스와 양산을 취급했습니다. 최남도 1925년부터 동아부인상회를 인수해 양품·잡화·금은세공·시계·안경·부인 수예품 등을 팔았습니다. 이제 그는 종로 큰길가에 있는 가게를 다섯 개나 가진 큰 상인이 되었습니다.

서른세 살의 야심만만한 사업가 최남은 이제 백화점을 운영해 보고 싶은 야망에 불탔습니다. 하지만 큰 백화점들은 모두 엄청난 자본력을 가진 일본인들이 독점하고 있었습니다. 최남이 가진 자본금으로는 도저히 경쟁할 수 없었습니다.

일제 강점기 서울의 상가는 크게 두 지역으로 나뉘어 있었습니다. 일본인들은 남산 부근의 진고개 일대에서 남대문에 이르는 곳에 상점들을 열어 속칭 '남촌상가'를 이룬 반면, 조선인들은 동대문에서 광화문에 이르는 전통적인 상점 거리에 '북촌상가'를 이루고 남촌상가와 치열한 경쟁을 벌이고 있었습니다.

그러던 어느 날, 북촌상가가 큰 타격을 입게 되습니다.

"명동에 있는 그 백화점 봤어? 그 안에는 정말

없는 것이 없더군.”

“세상에, 그렇게 큰 상점은 처음 봐.”

1930년 10월 서울 명동에 문을 연 미쓰코시 백화점은 단숨에 장안의 화제가 되었습니다. 현대적 경영 조직을 갖춘 미쓰코시 백화점은 조선과 만주 일대를 통틀어 가장 규모가 컸습니다. 미쓰코시는 이보다 앞서 문을 열었던 일본의 다른 백화점들과 연합해 서울의 모든 시장과 상가를 압도하며 엄청난 고객과 돈을 빨아들였습니다.

‘하지만 저건 조선 사람의 백화점이 아니고, 또 남대문로에서 진고개 일대에만 밀집되어 있어. 나라면 전통적인 조선인 상권인 종로에다 백화점을 세울 거야. 충분히 승산이 있어.’

최남은 미쓰코시 백화점을 몇 달 동안 거의 매일 가다시피 하며 꼼꼼히 조사했습니다. 지금까지 많은 조선 상인들이 백화점 경영을 시도했으나 번번이 실패했습니다. 일본인들의 거대한 자본력에 맞서는 것은 둘째 치고, 판매할 상품 자체를 구할 수 없었기 때문입니다. 일제의 식민지 정책 때문에 우리나라의 민족 산업은 거의 말살되어 물건을 만들 공장 자체가 없었습니다. 공장이 있어도 거의 일본인이 주인이었습니다. 물건이 없으니 결국 일본에서 수입해 와야 했는데, 일본의 공장주나 상인들은 조선 사람에게는 물건을 대주지 않았습니다. 그 때문에 조선 상점들은 모두 일본인 가게에서 물건을 사서 되팔아야 했으므로, 자연히 가격이 비싸져서 백화점은커녕 일반 상점과의 경쟁에서도 뒤질 수밖에 없었습니다.

그런데 최남은 미쓰코시 백화점 양품부에서 7년이나 일했던 일본인 와타나베를 덕원상회로 데려와서는 그를 직접 오사카로 보내 일본 공장에서 상품을 직접 사오도록 했습니다. 그리고 ‘좋은 상품을 싸게 판다!'는 구호로 손님을 잡기 시작했습니다. 또한 와타나베를 통해 일본인 손님들은 물론 일본에 있는 상품 공장과 유통망을 알아 냈습니다.

1931년 마침내 최남은 종로의 현대식 4층 건물을 빌려 동아백화 점을 열었습니다. 한국인이 경영하는 최초의 백화점이었습니다. 넝 마주이가 백화점 사장으로 변신하는 순간이었습니다.

새로운 아이디어로 승부수 띄우다

최남은 동아백화점을 일본의 미쓰코시 백화점 못지않은 현대식 백화 점으로 만들기 위해 상품 진열과 장식에 특히 신경을 썼습니다. 200 여 명의 종업원 중 절반을 여점원으로 채우고 친절과 정성으로 손님 을 대하게 했습니다. 품질 좋은 제품을 값싸게 판다는 전략은 일본에 서 싼 가격에 직접 수입한 제품들 덕분에 가능했습니다. 좋은 상품, 싼 가격, 친절한 서비스로 동아백화점에는 사람들이 몰려들었습니다.

하지만 문을 연 지 1년 만인 1932년 동아백화점은 다른 조선 사람 에게 넘어갔습니다. 화신금은상회를 하던 박흥식도 백화점을 열 준 비를 하고 있었는데, 종로 네거리에서 조선인 두 거상이 맞붙어 경쟁 한다면 결국 일본 백화점만 좋게 될 것이 뻔했습니다. 결국 최남은 동아백화점을 박흥식에게 넘겼고, 박흥식은 자신의 화신빌딩과 벽을 트고 연결해 화신백화점으로 재탄생시켰습니다. 이곳은 1987년 철거 되기 전까지 오랫동안 종로의 상징으로 자리 잡았습니다.

그 후 최남은 3층짜리 덕원상회를 운영하면서 이듬해 국일관이라는 요릿집을 열었습니다. 또 거금을 투자해 '동순덕'이라는 중국 비단 점포도 냈습니다.

1931년 만주사변이 일어나자, 서울에서 비단 장사를 하던 중국인들은 속속 자기 나라로 돌아갔습니다. 오래되고 이름난 중국인 비단 가게가 차례로 문을 닫자, 최남은 그 공백을 비집고 직접 상하이나 홍콩에서 중국 비단을 수입해 팔기 시작했습니다. 그가 중국인 점원들을 고용해 내부를 완벽하게 중국식으로 꾸민 후 중국 비단을 싸게 팔자, 유명한 기생들이나 멋쟁이 신여성들 사이에서는 동순덕의 비단을 구해다 옷을 해 입는 것이 유행했다고 합니다.

그러나 이 가게도 1937년 이후 문을 닫고 맙니다. 바로 그 해에 일어난 중일전쟁과 1940년 일본이 일으킨 대동아전쟁 때문이지요. 쌀을 비롯한 식량이 헐값에 일본으로 실려 나가고, 조선 남자들은 전쟁

터로 내몰렸습니다. 당연히 비단 장사나 백화점 같은 장사가 될 리 없었습니다.

그러나 최남은 좌절하지 않고 다시 새 사업을 시작했습니다. 이번에 시도한 것은 모든 물건을 10전에 파는 '10전 균일시'. 이것은 당시 미국에서 막 탄생해 인기를 끌던 '10cent store'를 흉내낸 것입니다. 일제의 수탈로 점점 더 가난해지는 조선 사람들에게 싸고 좋은 물건을 팔기 위해 최남은 많은 노력을 기울였습니다.

그러나 10전 균일시 역시 얼마 못 가 문을 닫고 말았습니다. 값은 싸지만 일본에서 서울까지 오는 운반비가 많이 들었고, 물건을 들여오는 데 시간도 오래 걸렸기 때문입니다. 물건을 만드는 공장이 가까운 곳에 있으면 모두 해결될 문제였지만, 식민지였던 조선은 공장 하나 만들 힘도 없었습니다. 최남이 벌인 사업의 한계는 자기 나라에서 스스로 물건을 생산하고 유통해 낼 자립 경제를 이루지 못한 식민지 국가의 한계였습니다.

지치지 않는 아이디어맨

최남은 훗날 자신의 사업 비결을 다음 여섯 가지로 요약했습니다.

1. 상점의 경영 방법을 합리화해서 비용을 최소화한다.
2. 품질 좋은 물건을 값싸게 구입한다.
3. 상점 경영자는 이익을 적게 하고 일반 고객에게 저렴한 가격으로 서비스한다.

최
남

4. 점포의 위치는 교통이 좋은 곳이어야 한다.

5. 상품의 진열은 남의 눈을 끌게 한다.

6. 그 시대의 유행에 맞는 상품을 갖춰야 한다.

오늘날에는 너무도 당연해 보이는 경영 상식이지만, 경제학이나 경영학 공부는커녕 민족 산업 자체가 말살되었던 시기에 이 같은 사업 비결은 모두 그의 실제 경험에서 나온 산 지식이었습니다.

최남은 부지런했을 뿐만 아니라 쉴 새 없이 새 아이디어를 내고 저돌적으로 추진했습니다. 말끔한 은행원이었으면서도 누더기를 입어야 하는 넝마주이가 되는 것을 서슴지 않았고, 현재에 안주하지 않고 끊임없이 도전해 위기마저 기회로 삼았지요. 그리하여 당시 일본인이 장악했던 상업 활동을 조선인도 할 수 있다는 것을 당당히 보여 주었습니다.

물론 최남에게 백화점을 사들인 박흥식 같은 조선인 재벌들도 있었습니다. 그러나 대부분 노골적인 친일 행각을 벌이며 특혜를 누리거나 조상에게 큰 재산을 물려받은 사람들이었습니다. 그런 점에서 맨몸으로 일어서 사업상 자기 방어 이상의 친일 행각은 하지 않고 아이디어와 뚝심만으로 우뚝 선 최남은 오늘날 우리에게 많은 것을 말해 줍니다.

최
남

반세기 만에 이룬
'한강의 기적'

1960년대의 우리나라는 세계에서 가장 가난한 나라 중 하나였습니다. 그러나 불과 50여 년 만에 눈부신 경제 성장을 거듭해 이제는 세계 10위권을 오르내리는 경제 대국으로 우뚝 섰습니다. 다른 나라에서 수백 년에 걸쳐 해낸 일을 단 반세기 만에 해냈기에, 세계에서는 이를 '한강의 기적'이라 말합니다.

지난 100여 년 동안 우리는 35년의 일제 시대를 거쳐 같은 민족끼리 전쟁도 하고, 남북이 분단되어 반세기가 넘도록 대치하고, 또 정치가 불안하여 국민들의 자유가 억압당하기도 했습니다.

그러나 그에 굴하지 않고 모두가 힘을 합해 경제를 일으키고, 평화적인 방법으로 민주주의를 꽃피웠으며, 1997년 IMF라는 경제 위기를 겪고도 더 큰 발전을 이루는 등 위기를 기회로 바꾸어 왔습니다.

선진국을 향해 발돋움하는 우리나라에 대해, 세계적인 학자 노엄 촘스키는 "세계에서 가장 이상적인 발전을 이룬 나라"라는 찬사를 보냈습니다.

이제 우리는 새로운 도전과 기회를 눈앞에 두고 있습니다. 선진국 진입과 빈부 격차 해소, 남북 통일 등 쉽지 않은 과제들도 남아 있습니다.

　이제는 기업가라고 불리는 우리나라의 상인들은 과거의 상인이 그랬던 것처럼 열정과 투지로 전 세계를 뛰어다니면서 선진 한국의 든든한 일꾼이 될 것입니다.

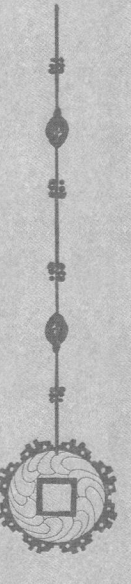

참고자료

1. 근초고왕

●원사료
『삼국사기』, 『일본서기』, 『고사기』.
『송서』, 『남제서』, 『양서』.

●도서
강만길, 『한국 상업의 역사』, 세종대왕기념사업회, 1974.
강종원, 『4세기 백제사 연구』, 서경, 2002.
권혁재, 『백제의 역사와 문화』, 학연문화사, 1996.
김기섭, 『백제와 근초고왕』, 학연사, 2000.
엄기표, 『정말 거기에 백제가 있었을까』, 고래실, 2004.
이도학, 『새로 쓰는 백제사』, 푸른역사, 1997.
이도학, 『살아 있는 백제사』, 휴머니스트, 2003.
임길채, 『매몰된 백제 역사를 복원한다』, 범우사, 2003.
박영규, 『한 권으로 읽는 백제 왕조실록』, 웅진닷컴, 2000.

●논문
김신, 「한국 무역 체계의 시대적 고찰」, 『사회과학총론』, 경희대학교 출판부, 1991.
이명규, 「백제 대외 관계에 관한 일시론」, 『사학연구논선 2』, 백산자료원, 1998.

●인터넷 사이트
포스코 역사관 http://museum.posco.co.kr
태안문화원 http://taean.cult21.or.kr

2. 장보고

●도서
강만길, 『한국 상업의 역사』, 세종대왕기념사업회, 1974.
강봉룡, 『바다에 새겨진 한국사』, 한얼미디어, 2005.
한국역사연구회 고대사분과, 『한국 고대사 산책』, 역사비평사, 1994.
한국역사연구회, 『삼국시대 사람들은 어떻게 살았을까』, 청년사, 2005.
김용만, 『지도로 보는 한국사』, 수막새, 2004.
셀주크역사교사모임, 『살아 있는 한국사 교과서』, 휴머니스트, 2002.
최근영, 『통일신라 시대의 지방 세력 연구』, 신서원, 1999.

226

윤명철, 『장보고 시대의 해양 활동과 동아지중해』, 학연문화사, 2002.
허일, 『장보고와 황해 해상 무역』, 국학자료원, 2001.

●인터넷 사이트
한국해양사연구소 http://www.seahistory.or.kr

3. 홍순언
●도서
강만길, 『한국 상업의 역사』, 세종대왕기념사업회, 1974.
한국고문서학회, 『조선 시대 생활사』, 역사비평사, 2006.
한국역사연구회, 『조선 시대 사람들은 어떻게 살았을까』 개정판, 청년사, 2005.
국사편찬위원회, 『거상, 전국 상권을 장악하다』, 두산동아, 2005.
김대길, 『시장을 열지 못하게 하라』, 가람기획, 2000.
이덕일, 『살아 있는 한국사』, 휴머니스트, 2003.
이덕일, 『조선 최대 갑부 역관』, 김영사, 2006.
조영록, 『근세 동아시아 삼국의 국제교류와 문화』, 지식산업사, 2002.
이전문, 『(조선의 상공인 열전) 부자 되는 이야기』, 조선일보 출판사국, 1989.

●논문
이신성, 「『서포만필』 소재 〈홍순언 일화〉의 문학사적 의의」, 『어문학교육』, 한국어문교육학회,
        1999.
김일환, 「조선 후기 역관의 여행과 체험 연구」, 동국대학교 대학원 국어국문학과 석사 논문, 2002.
정명기, 「홍순언 이야기의 갈래와 그 의미」, 『동방학지』, 연세대학교 국어연구원, 1984.

4. 변승업
●도서
한국고문서학회, 『조선 시대 생활사』, 역사비평사, 2006.
한국역사연구회, 『조선 시대 사람들은 어떻게 살았을까』 개정판, 청년사, 2005.
국사편찬위원회, 『거상, 전국 상권을 장악하다』, 두산동아, 2005.
김대길, 『시장을 열지 못하게 하라』, 가람기획, 2000.
이덕일, 『조선 최대 갑부 역관』, 김영사, 2006.
조영록, 『근세 동아시아 삼국의 국제교류와 문화』, 지식산업사, 2002.
노대환, 『고전소설 속의 역사 여행』, 돌베개, 2002.

● 논문

김일환, 「조선 후기 역관의 여행과 체험 연구」, 동국대학교 대학원 국어국문학과 석사 논문, 2002.
이상규, 「17~18세기 동래부에 파견된 왜학 역관의 기능」, 한국정신문화연구원 한국학대학원 석사
　　　논문, 1998.
양흥숙, 「17~18세기 역관의 대일무역」, 『지역과 사회』 5, 부경역사연구소, 1999.

● 기사

「조선 후기 역관의 사무역 : 역관 변씨는 어떻게 그 돈을 모았을까」, 『문화와 나』 75, 삼성문화
　　　재단, 2005.

● 인터넷 사이트

양정 칼럼, 조선 부자 이야기 http://www.prometheus.co.kr

5. 개성상인
● 도서

강만길, 『한국 상업의 역사』, 세종대왕기념사업회, 1974.
박용운 · 이정신 · 이진한 외 공저, 『고려 시대 사람들 이야기』, 신서원, 2002.
김인호, 『우리가 정말 몰랐던 고려 이야기』, 자작, 2001.
한국역사연구회, 『고려 시대 사람들은 어떻게 살았을까』, 청년사, 1999.
한국역사연구회, 『조선 시대 사람들은 어떻게 살았을까』 개정판, 청년사, 2005.
이훈섭, 『개성상인론』, 경기대학교 출판부, 2006.
국사편찬위원회, 『거상, 전국 상권을 장악하다』, 두산동아, 2005.
김대길, 『시장을 열지 못하게 하라』, 가람기획, 2000.
이덕일, 『살아 있는 한국사』 3, 휴머니스트, 2003.
고석규 · 고영진, 『역사 속의 역사 읽기』, 풀빛, 1996.

● 논문

고동환, 「조선 시대 개성과 개성상인」, 『역사비평』, 역사문제연구소, 2001 봄호.
김영수, 「한국 자본주의 가치관의 역사적 전통 : 조선 시대 개성상인의 상업 활동을 중심으로 한
　　　고찰」, 『동아연구』 43, 서강대학교 동아연구소, 2002.
박평식, 「조선 전기의 개성 상업과 개성상인」, 『한국사 연구』 102, 한국사연구회, 1998.

6. 김만덕

●도서

김대길, 『시장을 열지 못하게 하라』, 가람기획, 2000.

박무영 · 김경미 · 조혜란, 『조선의 여성들, 부자유한 시대에 너무나 비범했던』, 돌베개, 2004.

이덕일, 『이덕일의 여인열전』, 김영사, 2003.

정창권, 『꽃으로 피기보다 새가 되어 날아가리 – 조선의 큰 상인 김만덕과 18서기 제주 문화사』, 푸른숲, 2006.

●보고서

윤치부, 「만덕 이야기의 전승과 연구의 사적 전개」, 『의녀 김만덕 활약상 자료조사 연구보고서』, 사단법인 김만덕기념사업회, 2004.

박찬식, 「김만덕과 조선 후기 제주 사회」, 『의녀 김만덕 활약상 자료조사 연구브고서』, 사단법인 김만덕기념사업회, 2004.

변종헌, 「김만덕 삶의 현대적 조명」, 『의녀 김만덕 활약상 자료조사 연구보고서』, 사단법인 김만덕 기념사업회, 2004.

진관훈, 「18 · 19세기 제주 사회의 진휼과 김만덕의 사회적 공헌」, 2006.

●인터넷 사이트

김만덕기념사업회 http://www.manduk.org

제주 사이버 삼다관 http://www.jejusamda.com

진관훈 박사의 제주경제사 연구 http://ssinon.maru.net

7. 임상옥

●도서

한국역사연구회, 『조선 시대 사람들은 어떻게 살았을까』 개정판, 청년사, 2005.

국사편찬위원회, 『거상, 전국 상권을 장악하다』, 두산동아, 2005.

김대길, 『시장을 열지 못하게 하라』, 가람기획, 2000.

이덕일, 『살아 있는 한국사 3』, 휴머니스트, 2003.

고석규, 고영진, 『역사 속의 역사 읽기』, 풀빛, 1996.

권명중, 『거상 임상옥의 상도 경영』, 거름, 2002.

이용선, 『조선의 큰 부자』, 하늘출판사, 1997.

이용선, 『조선 최강 상인』, 동서문화사, 2002.

● 논문

고동환, 「조선 시대 개성과 개성상인」, 『역사비평』, 역사문제연구소, 2001 봄호.

김영수, 「한국 자본주의 가치관의 역사적 전통 : 조선 시대 개성상인의 상업 활동을 중심으로 한
　　　　고찰」, 『동아연구』 43, 서강대학교 동아연구소, 2002.

양정필, 「19세기~20세기　개성상인의 상업자본 연구」, 연세대학원 학위논문, 2001.

8. 최봉준

● 도서

고석규 · 고영진, 『역사 속의 역사 읽기』, 풀빛, 1996.

박환, 『(박환의) 항일 유적과 함께 하는 러시아 기행』, 국학자료원, 2002.

이용선, 『조선의 큰 부자』, 하늘출판사, 1997.

이용선, 『조선 최강 상인』, 동서문화사, 2002.

권희영, 『한국과 러시아 관계와 변화』, 국학자료원, 1999.

● 보고서와 논문

「러시아의 한인 발자취를 찾아서」, 『신동아』 2004년 7월호.

이상근, 「연해주 지역에 이주한 한인들의 상공업」, 『한국사 연구 휘보』 97, 국사편찬위원회,
　　　　1997.

이광규, 「근대 한민족의 해외 이주와 한민족공동체」, 안산외국인노동자센터 자료실, 2005.

● 인터넷 사이트

한국 독립운동사 정보시스템 http://search.i815.or.kr

한국역사정보통합시스템 http://www.koreanhistory.or.kr

국사편찬위원회 http://www.history.go.kr

다음 백과사전 http://enc.daum.net

9. 이승훈

● 도서

강만길, 『한국 상업의 역사』, 세종대왕기념사업회, 1974.

이교현, 『남강 이승훈의 생애와 정신』, 남강문화재단, 2001.

『대한영웅전』, 국가보훈처, 1995.

이전문, 『(조선의 상공인 열전) 부자 되는 이야기』, 조선일보 출판사국, 1989.

김기석, 『남강 이승훈』, 한국학술정보, 2005.

국사편찬위원회, 『거상, 전국 상권을 장악하다』, 두산동아, 2005.

●논문

「남강 이승훈의 기독교적 산업경제 이념과 활동에 관한 연구」, 연세대학교 대학운 학위논문, 2003.

10. 최남

●도서

이준구 · 강호성 편역, 『조선의 부자』, 스타북스, 2006.
편집부 편, 『한국의 시장 상업사』, 신세계백화점 출판부, 1992.
한경닷컴, 『직장인의 성공 다이어리』, 미래의 창, 2006.
조기준, 『한국 기업가사』, 박영사, 1983.

●인터넷 사이트

한국역사정보통합시스템 http://www.koreanhistory.or.kr
국사편찬위원회 http://www.history.go.kr

한국사를 뒤흔든
열 명의 상인

2008년 7월 14일 1판 1쇄
2019년 8월 23일 1판 4쇄

글   김현주
그림   서선미

펴낸이   임상백
제작   이호철
독자감동   이명천, 장재혁, 윤재영
경영지원   남재연

ISBN 978-89-7094-512-5 73900

펴낸곳 한림출판사 | 주소 (03190) 서울특별시 종로구 종로12길 15
등록 1963년 1월 18일 제 300-1963-1호
전화 02-735-7551~4 | 전송 02-730-5149 | 전자우편 info@hollym.co.kr
홈페이지 hollym.co.kr | 블로그 blog.naver.com/hollympub
페이스북 facebook.com/hollymbook | 인스타그램 @hollymbook